DOCTEUR SOLEIL
ET MARTIN BROFMAN

W0208734

APPRENDRE A MIEUX VOIR

Editions Soleil

Illustrations : Michael Buchs
Troisième édition.
Copyright © 1985 Editions Soleil S.A.
32, av. Petit-Senn
CH - 1225 CHENE-BOURG, Genève
ISBN : 2-88058-028-5

LES ÉDITIONS SOLEIL

Nous sommes de plus en plus nombreux à désirer nous rapprocher de la nature, donner une part plus grande à la créativité personnelle et vivre pleinement dans un monde en changement constant. Pour cela, il nous faut découvrir les principes de santé et d'harmonie nous permettant d'améliorer notre relation avec nous-mêmes, nos proches et le monde dont nous faisons partie.

Les méthodes de santé sont actuellement multiples et variées. Qu'elles soient issues des traditions anciennes ou des études scientifiques modernes, il est important de percevoir leur complémentarité pour faire ensuite librement ses choix et agir en se prenant en charge.

Tel a été le message de la FONDATION SOLEIL qui a œuvré pendant douze ans pour la pédagogie de la santé, avec le principe de *proposer sans imposer, informer sans prendre parti.*

S'inspirant de cette démarche, les ÉDITIONS SOLEIL présentent des chemins possibles, montrent des directions, en se situant au-delà des querelles d'école et en respectant les convictions et préférences de chacun. D'un livre à l'autre se multiplient les occasions de prise de conscience et de compréhension. Si les expériences proposées nous attirent, nous sommes invités à *vivre toujours plus au pays du bien-être :* favoriser notre santé et notre épanouissement, développer nos ressources personnelles et notre connaissance de nous-mêmes dans une approche globale tenant compte de toutes les dimensions de l'être humain : physique, émotionnelle, mentale et spirituelle.

Elaborés par un groupe de personnes de tous horizons réunies par leur intérêt pour la pédagogie de la santé, les livres signés "Docteur Soleil" présentent la synthèse des études menées sur un sujet donné. A la portée de tous, ils sont rédigés dans un langage simple et avec humour. Comme tous les livres des ÉDITIONS SOLEIL, ils ne sont pas destinés à nous intellectualiser davantage, mais à nous inciter à sortir du monde des limitations pour entrer dans une conscience de la vie plus large, plus drôle, plus libre, plus dense et plus palpitante.

Les ÉDITIONS SOLEIL publient également des cassettes dont la plupart complètent les livres.

Pour tout renseignement :
EDITIONS SOLEIL - 32, avenue Petit-Senn
CH-1225 Chêne-Bourg, Genève
Tél. (022) 49 24 70

TABLE DES MATIÈRES

INTRODUCTION

Ce livre est une synthèse simplifiée des connaissances anciennes et des découvertes modernes sur l'œil, la vue et la vision.

L'œil n'est pas un simple organe « mécanique », il constitue un système sophistiqué d'une extraordinaire sensibilité qui reçoit la moitié des stimulations parvenant à notre cerveau. Les troubles visuels, si fréquents dans notre société, sont liés à un ensemble de facteurs trop rarement pris en considération. Dans la plupart des cas, on préfère corriger le symptôme du trouble de la vision à l'aide de lunettes ou d'une opération.

Ce livre propose l'alternative suivante : prendre en considération les causes des symptômes et agir soi-même, à ce niveau, en utilisant un petit nombre de techniques simples et à la portée de tous.

C'est une attitude qui n'exclut nullement l'approche traditionnelle : même si elle peut effectivement, dans de nombreux cas, éviter l'opération ou le port de lunettes et aboutir à des résultats souvent spectaculaires, elle n'a qu'une seule prétention : aider chacun à devenir l'artisan actif de sa santé et le guider vers une vision parfaite.

Le livre se compose de deux parties. La première, APPRENDRE A MIEUX VOIR, est une nouvelle version revue et considérablement augmentée de « Savoir mieux voir » édité précédemment. Son auteur, le Docteur Soleil, est constitué par une équipe pluridisciplinaire de personnes partageant un intérêt commun pour la pédagogie de la santé. La seconde partie, LE YOGA DE LA VUE ou HUIT SEMAINES POUR AMÉLIORER SA VUE, est la traduction d'un petit livre de Martin Brofman dans lequel cet auteur américain nous livre ses propres découvertes en matière d'amélioration de la vue.

Les Editions Soleil

Docteur Soleil

APPRENDRE A MIEUX VOIR

L'ŒIL ET LA VUE

On compare à tort l'œil à un appareil photographique, car il est infiniment plus compliqué. Ses fonctions sont si complexes qu'il consomme beaucoup plus d'énergie que d'autres organes et près d'un quart de notre énergie totale.

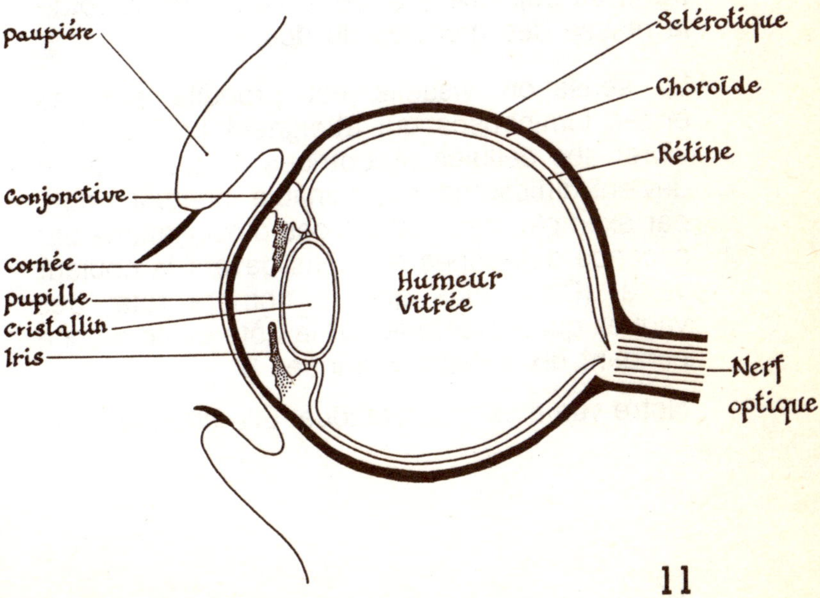

L'œil est une sorte de balle molle et souple maintenue dans son orbite par un ensemble de muscles qui en contrôle les mouvements.

Nombre de nos problèmes proviennent du fait que nous considérons l'œil comme un organe isolé. Or, toutes les parties de notre corps vivent en interrelation et le moindre trouble de l'une retentit sur les autres, affectant ainsi notre équilibre général.

On ne peut pas séparer l'œil du reste de la tête. Sa musculature forme un tout continu avec celle des sourcils et des paupières, elle-même en continuité avec celle du visage, du front, du cuir chevelu, de la nuque et de toute la masse des muscles du dos.

La sensation visuelle est produite par les ondes lumineuses qui atteignent l'œil et font vibrer ses cellules réceptrices. Cette vibration devient difficilement imaginable lorsqu'il s'agit, par exemple, des 450 trillions d'oscillations par seconde des cônes rétiniens devant la couleur verte. (C'est plus que le nombre total des vagues qui ont déferlé sur la côte californienne pendant dix millions d'années !)

Notre vue n'est pas statique. Elle change selon

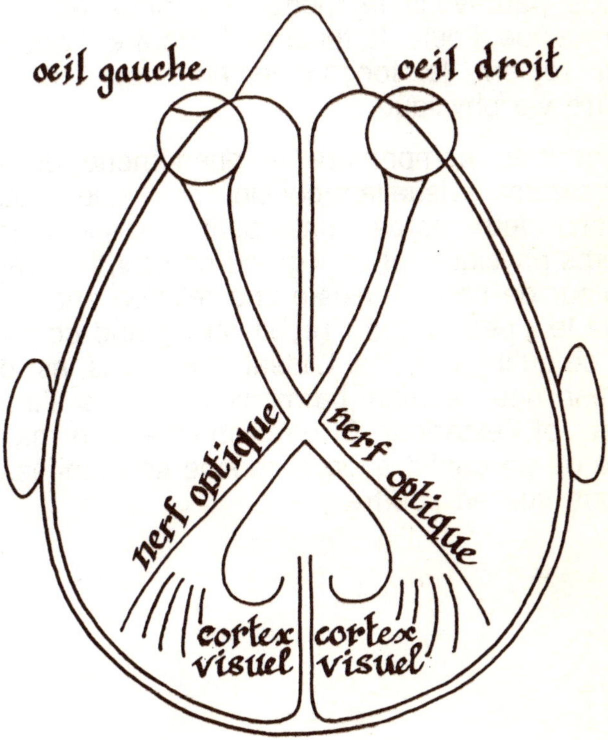
oeil gauche
oeil droit
nerf optique
nerf optique
cortex visuel
cortex visuel

notre pleine forme ou notre fatigue, selon ce que nous ressentons ou pensons.

Nous percevons le monde qui nous entoure par la vue, l'ouïe, le toucher, le goût et l'odorat qui règlent le fonctionnement équilibré de notre vie physique.

Pour bien comprendre le phénomène de la perception visuelle, considérons que nous avons deux corps : un « petit corps », notre corps physique, et un « grand corps », l'univers autour de nous. Il existe une relation entre ce que le « petit corps » reçoit du « grand corps » et ce qu'il y projette. L'idéal, pour nous, est de créer une relation harmonieuse entre l'intérieur et l'extérieur. Si un problème, une maladie ou un conflit avec le monde se manifeste, notre vue en souffre.

LES TROUBLES VISUELS

Fréquents dans notre société, les troubles visuels sont directement liés à notre mode de vie.

1. ***Alimentation inadéquate*** : lorsque notre corps ne reçoit plus ce dont il a besoin : vitamines, oligo-éléments, enzymes, hormones végétales, etc.

Parmi les déséquilibres alimentaires qui exercent une influence déterminante sur la vue, il faut souligner l'utilisation répétée d'excitants : alcool, tabac, café, thé, sucre, sel et médicaments chimiques. La stimulation s'étendant à tout l'organisme, les excitants nous donnent une amélioration de la vue ***à court terme***. Nous voyons mieux après avoir bu une tasse de café. Mais ***à long terme***, ces substances provoquent l'affaiblissement de nos systèmes physiologiques.

2. ***Manque de mouvement oculaire*** : comme nous, nos yeux peuvent devenir « sédentaires » ! Lunettes, lecture, télévision, etc., provoquent une diminution du champ visuel et, par conséquent, des mouvements oculaires. La vue à distance constante ne permet plus le travail d'accommodation pour lequel l'œil est fait. Comparez la vie de l'œil d'un habitant des villes avec celle d'un pêcheur ou d'un Indien vivant dans la jungle amazonienne !

3. ***Blocages au niveau des vertèbres cervicales*** : ils perturbent le système sympathique (nerfs) et l'irrigation (sang) du cerveau

et des yeux. Dans ce domaine, il suffit de peu de chose pour perturber la vue. Attention aux hauts talons qui provoquent une mauvaise position de la colonne vertébrale !

4. ***Mauvais équilibre général*** : stress, tensions émotionnelles, blocages mentaux et rigidité morale ou spirituelle exercent une influence négative sur la vue.

*

* *

Les troubles visuels peuvent être classés en deux catégories :

1. Hypermétropie, myopie, astigmatisme, etc. sont des défauts de vision ayant pour cause la forme de l'œil (hérédité), ou une déformation de l'œil due aux facteurs de stress.

2. Les maladies de l'œil qui ont pour cause une intoxication du sang et un mauvais équilibre général sont : la cataracte (dépôts qui se font dans le cristallin), le glaucome (hypertension artérielle localisée dans l'œil), les conjonctivites, iritis, uvéïtes, choroïdites, etc., qui sont des inflammations ou des infections de certaines parties de l'œil. Un dictionnaire médical vous montrera toutes les maladies qui peuvent perturber votre vue. Cette lecture aura un côté réconfortant : vous apprécierez plus vos yeux en connaissant toutes les maladies dont vous ne souffrez pas !

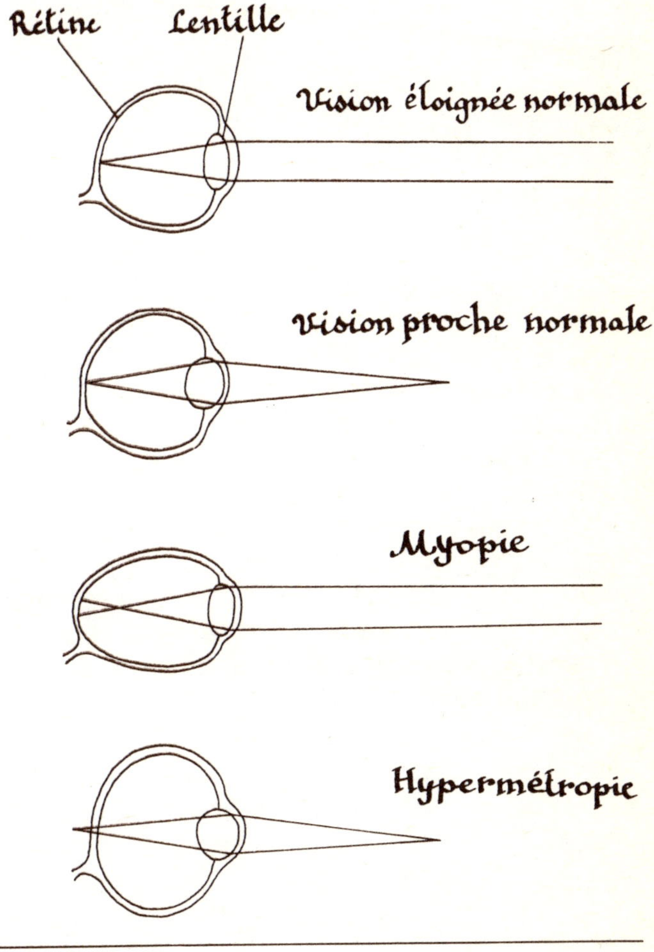
Rétine
Lentille
Vision éloignée normale
Vision proche normale
Myopie
Hypermétropie

LES LUNETTES

Les lunettes ne sont pas le moyen de correction idéal. Notre vue est sujette à de fréquentes variations, or les lunettes ne peuvent opérer qu'une sorte de réglage moyen. Pour bien faire, nous devrions avoir une dizaine de paires de lunettes et en changer sans arrêt !

Quand nos yeux nous posent un problème, nous cherchons de l'aide à l'extérieur, ignorant que nous possédons en nous tout à la fois la cause et la solution. Les lunettes, il est vrai, apportent une amélioration immédiate de la vue, mais au prix d'un affaiblissement progressif des muscles de l'œil, qui deviennent de plus en plus paresseux !

Si vous gardiez un plâtre sur un membre durant des années, les muscles atrophiés rendraient ce membre invalide. De même, lorsque les muscles oculaires manquent d'exercice, la vue se trouble et diminue. Nos yeux ont besoin de mouvement. Ne l'oublions pas, car le mouvement, c'est la vie.

Il y a d'autres moyens de corriger notre vue qu'une béquille extérieure qui rend nos yeux dépendants. Le simple fait d'enlever nos lunettes quand nous n'en avons pas réellement besoin constitue déjà un premier pas vers la rééducation visuelle.

L'ALIMENTATION

L'équilibre alimentaire est plus déterminant pour l'œil que pour les autres organes, car l'œil est plus complexe, donc plus sensible. Un petit manque de vitamine A se traduit souvent par une peau sèche, des ongles cassants et... une baisse brutale de la vision !

Nos repas devraient comporter une forte proportion d'aliments non dénaturés, complets et crus. (Consulter le livre « Apprendre à se nourrir », Editions Soleil.)

Quelques exemples :

— Les aliments à haute teneur en protéines et en graisses animales « confisquent » le calcium dont les tissus ont besoin pour assurer leurs fonctions.

— Les effets nocifs pour la santé de l'œil d'une alimentation à base de viande, d'aliments cuits et de produits raffinés sont aggravés chez les fumeurs et les gens exposés à la pollution.

— On a constaté une corrélation entre l'élévation de la tension intraoculaire et la carence en chrome provoquée par une nourriture trop pauvre en aliments naturels vivants. Les graines germées sont l'une des meilleures sources de chrome, et nombre de personnes leur doivent d'avoir retrouvé la vue. (Se reporter au livre « Apprendre à faire germer des graines et à cultiver de jeunes pousses », Editions Soleil.)

LES VITAMINES

Pour bien fonctionner, l'œil a besoin d'une quantité considérable de vitamines.

La vitamine A, indispensable pour une bonne vue, se trouve surtout dans les graines germées et les jeunes pousses, le piment rouge sec, les abricots secs, les légumes crus (en particulier : fanes de carottes, persil, légumes verts), les fruits crus, les œufs, le foie de poisson (sous forme de comprimés ou gélules), etc. La vitamine A doit être répartie en plusieurs prises par jour. Une mauvaise adaptation à l'obscurité en indique souvent une carence.

La vitamine E (avocat, graines germées) et les vitamines du groupe B (graines germées, levure) sont aussi très importantes pour la vue.

La vitamine C est un agent de détoxication, une « super-femme de ménage », utile pour tout trouble dû à une intoxication générale ou locale.

Ces vitamines peuvent être éventuellement prises en comprimés, à condition qu'elles soient naturelles et non synthétiques, mais la façon la plus efficace et la moins coûteuse d'avoir des vitamines vivantes en abondance est d'apprendre à faire germer des graines.

*

* *

Se nourrir d'une manière plus favorable au bon fonctionnement de notre œil (et de tout notre organisme) ne veut pas dire changer d'un jour à l'autre toutes nos habitudes et nous priver de tout ce que nous aimons !

Les changements doivent être progressifs, chacun suivant son propre rythme, sans se laisser imposer aucun sectarisme. Il s'agit de faire des expériences et d'en constater les effets sur notre vue ; plus nous introduisons d'éléments vivants dans notre alimentation, mieux nous voyons.

Il ne s'agit pas de supprimer certains aliments, mais de les remplacer par d'autres, plus adéquats, sans provoquer de frustrations.

Par exemple :

ALIMENT	REMPLACÉ PAR :
Sucre raffiné	miel, sucre de bouleau (xylitol), d'orge, de malt, d'érable, sucre de canne complet.
Sucreries	fruits secs, oléagineux, graines.
Chocolat	caroube, abricots secs.
Sel	herbes aromatiques, algues en poudre, soja fermenté (tamari).
Céréales cuites	céréales germées ou millet, maïs, riz, soja cuits (pas de gluten).
Farine de blé (pain, pâtes, pâtisserie...)	farine de millet, de maïs, de riz ou de soja (pas de gluten).
Tartines	galettes de riz soufflé, pumpernickel, galettes crues de blé germé.
Viande	poisson, produits laitiers lacto-fermentés, oléagineux, céréales et légumineuses.
Protéines animales	protéines végétales.
Café	café de céréales, de racines et de fruits, « potion magique » (jus de citron, sirop d'érable, piment).

Thé	thé d'herbes.
Cacao	poudre de caroube.
Boissons gazeuses	eaux minérales naturelles.
Tabac	réglisse à sucer ou à mâcher, chewing-gum sans sucre ou au xylitol, jeunes pousses de blé mâchées, oxygénation, relaxation.
Alcool	jus de fruits, « potion magique ».
Médicaments chimiques	remèdes homéopathiques et naturopathiques.
Graisses cuites	huiles fraîches après cuisson à l'étouffée ou sans eau.
Aliments cultivés chimiquement	produits biologiques.
Fruits et légumes exotiques ou cultivés en serre	fruits et légumes de saison.
Aliments cuits	aliments crus.
Stimulation par les excitants artificiels	stimulation par les forces naturelles : air, eau, soleil, exercices physiques, aliments biogéniques et bioactifs.
Habitudes acquises	instinct alimentaire.
Aliments morts	ALIMENTS VIVANTS !

Tableau extrait du livre APPRENDRE A SE NOURRIR

LA RESPIRATION

L'œil a besoin de beaucoup d'oxygène. Il ne pèse qu'1/6e du poids du cœur, mais il en utilise presque autant que lui.

En cas d'émotion intense, la respiration se bloque, l'oxygénation de l'œil tombe et, pendant un bref instant, nous ne voyons plus.

Expirer plusieurs fois à fond accroît la ventilation, par elle l'oxygénation de l'œil augmente et l'amélioration de la vue est souvent instantanée.

LA RELAXATION

Tout comme notre corps, notre œil a besoin de moments de détente et de moments d'exercices. Si nous sommes détendus, si nous avons l'esprit en paix, il n'y a aucune raison pour que nos yeux se fatiguent. Si, au contraire, nous sommes tendus, rien ne peut les reposer.

Ce qui est relaxant et agréable est bénéfique pour les yeux. Nous nous fatiguons moins en lisant un livre passionnant qu'un ouvrage ennuyeux ou difficile.

Il existe de nombreuses méthodes de relaxation corporelle, toutes basées sur un même principe : nous partons des sensations profondes que nous donne notre corps pour nous y installer toujours mieux. Les techniques de détente (sophrologie, alpha, training autogène, yoga, méditation, etc.) permettent d'apprendre à se relaxer physiquement et psychiquement toujours plus rapidement et à maintenir à tout moment un état de relaxation générale qui évite le gaspillage d'énergie.

LA RÉFLEXOLOGIE

Sur nos mains, sur nos oreilles, sur la plante de nos pieds, sur la surface de notre crâne, des points correspondent aux différentes parties de notre corps. (Se reporter à « Apprendre à masser les pieds », Editions Soleil.)

Masser le bout des doigts ou la région des orteils, frotter et pincer le lobe des oreilles stimule naturellement la vue. Un massage du cuir chevelu favorise la circulation sanguine de la tête, ce qui est bénéfique pour les yeux.

Aussi étonnant que cela puisse paraître, nous pouvons améliorer notre vue en procédant à des lavements intestinaux.

En effet, notre gros intestin est le siège de points réflexes importants : un encrassement du côlon entraîne presque immanquablement une baisse de la vue. C'est l'une des raisons pour lesquelles tant d'occidentaux au gros intestin malade à cause d'une alimentation dénaturée souffrent de troubles visuels. Cela vous semble étonnant ? Faites l'expérience de changements alimentaires et de nettoyages de l'intestin, et vous verrez ! (Se reporter à « Apprendre à se détoxiquer », Editions Soleil.)

L'ACUPRESSURE

Il existe des points qui stimulent la vue et soulagent fatigues et douleurs d'origine oculaire. On les masse avec le bout des doigts pendant quelques instants ; l'effet est immédiat. (Se référer aux ouvrages spécialisés.)

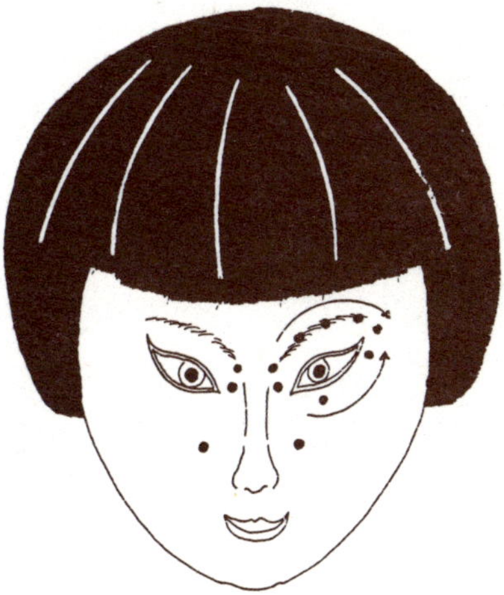

LA LUMIÈRE

La lumière est un élément de stimulation naturelle pour nos yeux (et à travers eux, pour tout notre corps). L'usage de lunettes de soleil ne se justifie qu'en cas d'exposition brutale et intense. Dans les autres cas, il suffit de cligner des yeux selon l'exercice décrit plus loin. En gardant les paupières légèrement baissées, sans effort, on filtre la lumière.

Les verres teintés portés en permanence nous privent de vibrations colorées absolument indispensables au bon fonctionnement de notre corps. Les verres teintés verts ou bleus, qui arrêtent les tons « chauds », peuvent être la cause de dépressions. Par des exercices adéquats et progressifs, une personne habituée au port de verres teintés arrivera petit à petit à s'en passer.

Apprendre à regarder des sources de lumière de plus en plus fortes est bénéfique. N'ayons pas peur de regarder directement le soleil, pendant quelques instants, ou une ampoule électrique pendant vingt ou trente secondes.

On peut également stimuler sa vue et ses mécanismes cérébraux en fixant quelques secondes une source lumineuse intense, puis en fermant les yeux et en observant les taches colorées qui apparaissent (phosphénisme).

LA GYMNASTIQUE VISUELLE

Avant tout, il faut s'assurer d'une bonne position de la tête, de la colonne cervicale et du libre mouvement des muscles du cou. Des troubles visuels ont pu être guéris par des traitements de manipulation des vertèbres cervicales ou de rééducation posturale.

Maintenez votre dos dans des positions qui respectent ses courbures naturelles et ne restez pas immobiles trop longtemps !

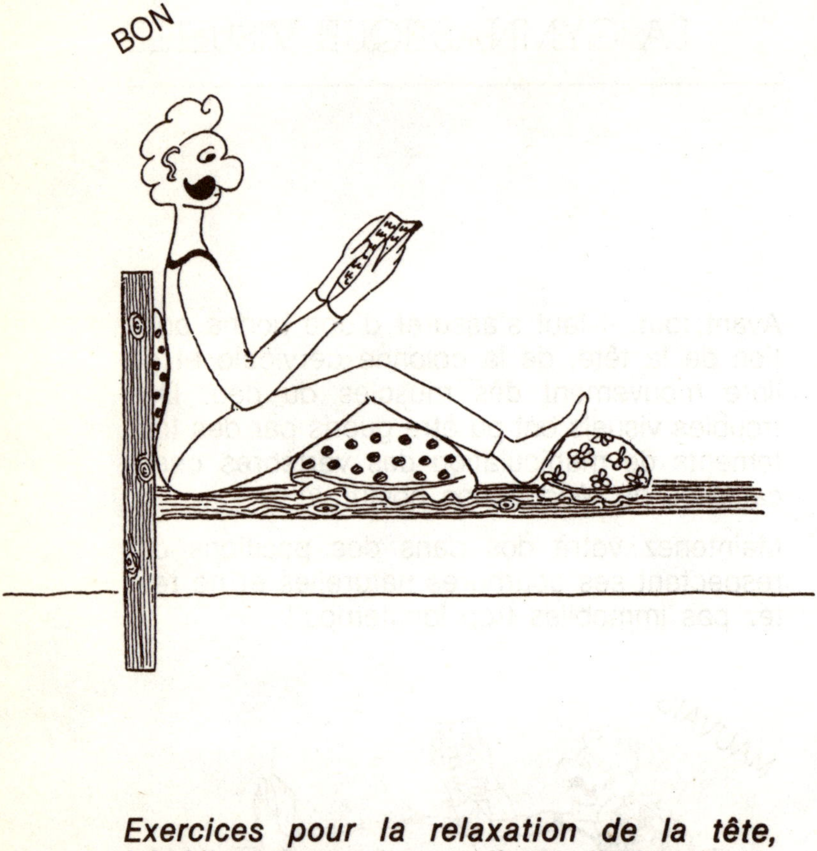

Exercices pour la relaxation de la tête, bénéfiques pour la vue, l'ouïe, l'odorat et le goût (à faire au moins trois fois par jour).

1. ROTATION DE LA TÊTE

Assis ou debout, le dos bien droit, bras et mains pendants sans tension, laisser tomber la tête en avant, puis lentement, effectuer une rotation, la plus ample possible, par la gauche et ensuite par la droite. A faire au moins 4 fois dans les deux sens.

2. BALANCEMENT

Debout, pieds écartés à la largeur des hanches, devant une fenêtre ou un tableau, se balancer latéralement, lentement, en laissant le regard suivre le mouvement du balancement. A faire au moins dix fois.

3. RELAXATION DE LA NUQUE ET DES ÉPAULES

Dans la même position de départ, les yeux fermés, lever les épaules le plus haut possible, puis les pousser en arrière et en bas, puis de nouveau en haut, puis en arrière et en bas. A faire au moins 4 fois.

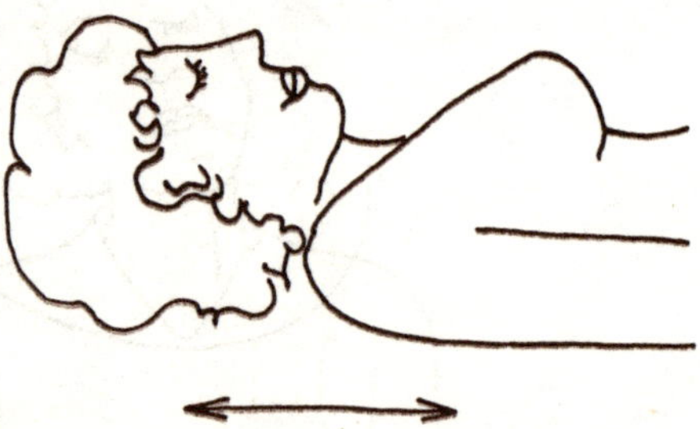

4. EXERCICE MATTHIAS ALEXANDER

Notre vue, et aussi notre vitalité et notre efficacité dépendent de notre manière de nous tenir. Nous avons des habitudes, bien ancrées en nous, qui nuisent à notre vue.

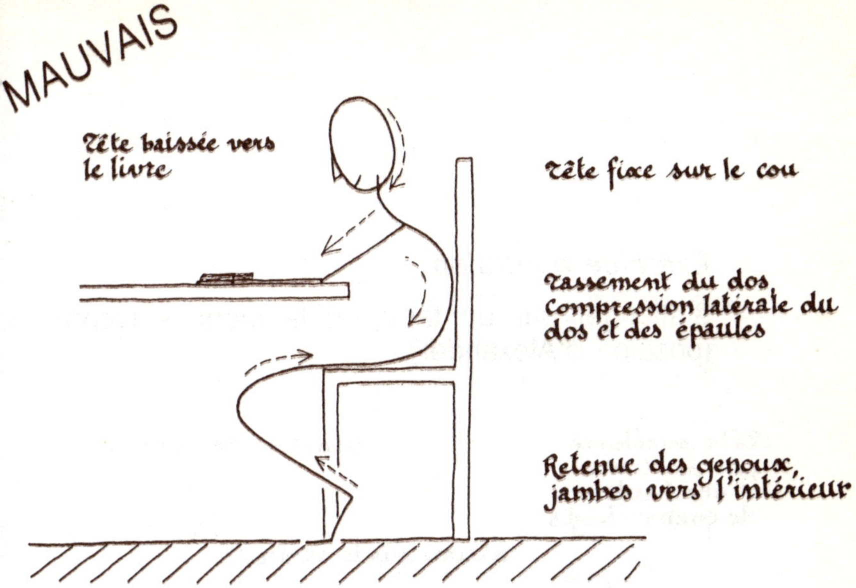
MAUVAIS
Tête baissée vers
le livre
Tête fixe sur le cou
Tassement du dos
Compression latérale du
dos et des épaules
Retenue des genoux,
jambes vers l'intérieur

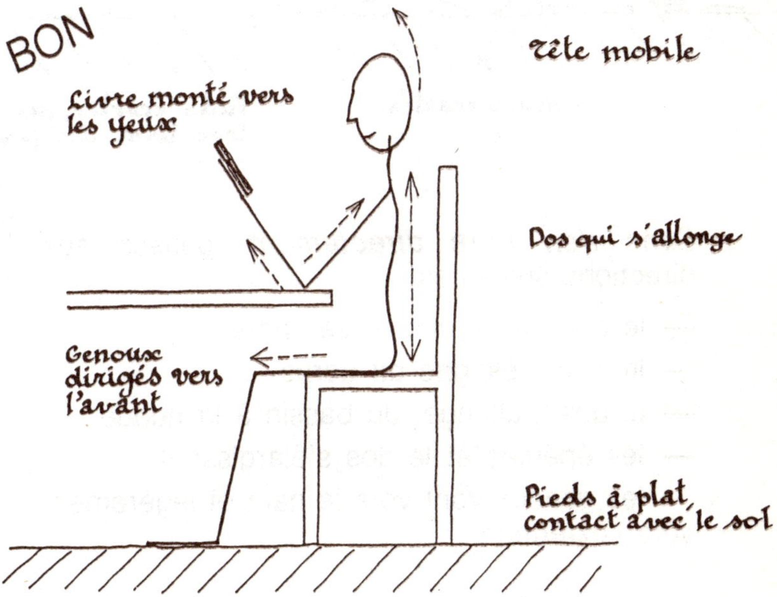
BON
Tête mobile
Livre monté vers
les yeux
Dos qui s'allonge
Genoux
dirigés vers
l'avant
Pieds à plat,
contact avec le sol

Exercice quotidien

S'allonger sur un tapis de la façon suivante (position d'Alexander).

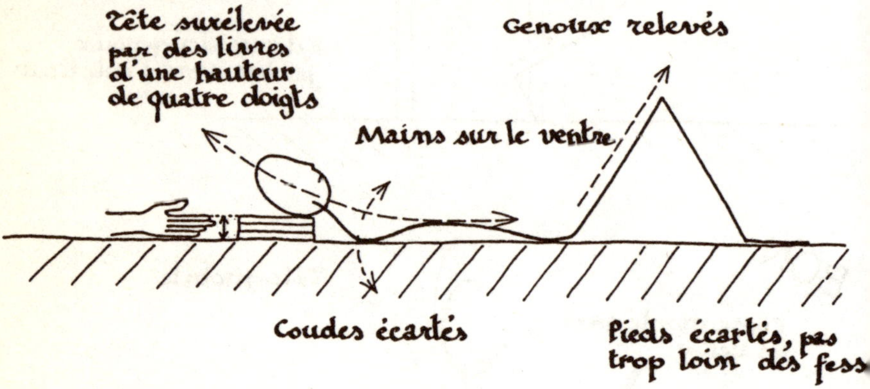

Sans rien faire directement, pensez aux directions suivantes :

— le cou se détend et se libère

— la tête s'éloigne du corps

— le dos s'allonge, du bassin à la nuque

— les épaules et le dos s'élargissent

— les genoux vont vers le haut et légèrement vers l'extérieur.

Continuer pendant 5 à 10 minutes en essayant progressivement de suivre toutes les directions en même temps (il faut un peu de pratique).

Relevez-vous lentement en vous tournant sur le côté et en essayant de conserver ces directions et l'expansion que vous avez obtenue.

Exercices pour les yeux. A faire sans verres correcteurs au moins trois fois par jour.

5. PALMING

En plaçant les paumes des mains en cuvette sur les yeux, on constate qu'elles correspondent parfaitement à la région de l'œil. Il s'agit de trouver la position idéale qui ne touche pas les yeux, ne laisse passer aucun rayon lumineux et ne gêne pas la respiration.

Les yeux fermés (ou ouverts) dans le noir, retenir le souffle quelques secondes après chaque inspiration, puis expirer profondément. Ne pas bloquer la respiration pendant le palming ! Pendant l'exercice, on peut visualiser du noir ou des paysages de nature, en appréciant la beauté des formes et des couleurs !

Avant d'ouvrir les yeux, masser doucement, du bout des doigts, les muscles du pourtour de l'œil, des paupières et du front, jusqu'à la naissance des cheveux. Ciller 3 fois et regarder un objet : l'amélioration de l'acuité visuelle est instantanée, car cet exercice permet une détente et une régénération profonde de l'œil.

6. CILLEMENT

Il s'agit de détendre la musculature de l'œil, des paupières et du front. Laisser descendre la paupière supérieure lentement, sans travail ni tension de la paupière inférieure. Comparer la paupière à un store qui se baisse. Une fois l'œil fermé, la relever en un mouvement aussi lent et régulier que possible.

Le cillement permet en outre une meilleure humidification de l'œil par les larmes.

7. ACCOMMODATION

Lever un doigt à 20-30 cm du visage et choisir un objet distant au moins de 3 m. Regarder alternativement le doigt et l'objet 30 fois de suite, puis faire 3 cillements.

8. EXERCICE EN CROIX

En maintenant la tête immobile, regarder à gauche, puis à droite, puis vers le haut, puis vers le bas, et ciller 3 fois.

Refaire l'exercice en regardant à droite, à gauche, en bas et en haut.

9. EXERCICE EN DIAGONALE

La tête toujours immobile, regarder en haut vers le sourcil gauche, puis en bas vers la jambe droite, en haut vers le sourcil droit, en bas vers la jambe gauche, puis ciller 3 fois. Refaire l'exercice en sens inverse.

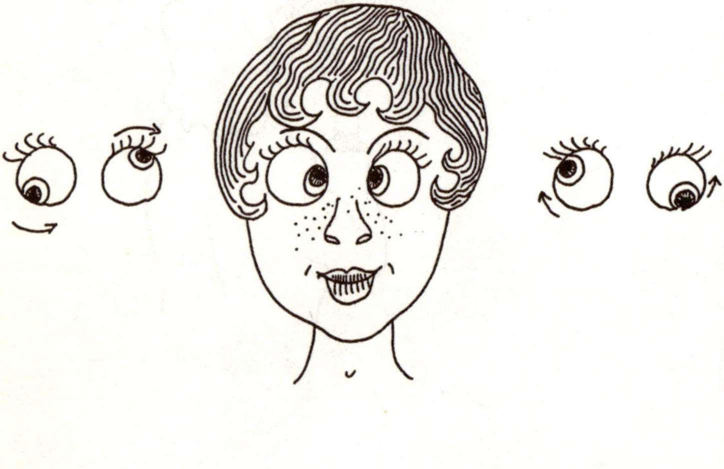

Pendant tous ces exercices, n'oubliez pas de respirer le plus amplement possible !

Il est idéal de les faire au soleil. Le soleil attire le sang aux yeux et détend les muscles et les nerfs. Un bon exercice consiste à se relaxer 2-3 minutes, les yeux fermés en direction du soleil, tout en balançant la tête d'une épaule à l'autre pour bien irradier toutes les parties de l'œil.

L'eau froide, mais non glacée, est très efficace pour tonifier les yeux, particulièrement après les exercices faits au soleil. Asperger les paupières closes une vingtaine de fois, sans brutalité, puis sécher les yeux fermés en les tamponnant avec un linge éponge. (Il est également bénéfique de s'asperger les yeux d'eau froide tous les matins au réveil.)

*

* *

Pour vous faciliter la pratique de ces exercices, une cassette peut être utile ; soit une cassette déjà enregistrée, soit une cassette que vous réalisez vous-même.

En tout cas, effectuer ces exercices à la manière d'un devoir et non comme un jeu produirait l'inverse du but recherché. Selon votre tempérament, choisissez de les adopter comme une discipline à suivre pendant un certain temps, avec la perspective de passer à autre chose ensuite, ou au contraire, évitez toute discipline, pour ne pas provoquer de tension, et créez vos propres exercices au cours de la vie quotidienne.

Tout programme constitue en effet un canevas sur lequel vous pouvez broder des exercices avec de multiples variantes, l'important étant que les yeux bougent et que l'ensemble des fonctions mentales, émotionnelles et physiques devienne toujours plus mobile et plus vivant !

Nous pouvons faire travailler nos yeux n'importe quand, en les laissant bouger. Concentrons par exemple notre attention sur une balle en mouvement, en jouant ou en regardant jouer au tennis, au ping-pong, sans lunettes... Tant pis pour les points, c'est un autre match que nous allons gagner ! Nous pouvons aussi nous amuser à suivre des yeux le contour de dessins compliqués.

Une gymnastique idéale, parce que tout à fait

naturelle, consiste à « étirer » les yeux par des grimaces, par le rire ou les pleurs.

Bien des gens pensent que leur vue est susceptible de baisser, mais jamais qu'elle pourrait s'améliorer. Est-ce logique ? La gymnastique oculaire ne constitue pas une cure miracle, mais un entraînement qui, comme pour un sport, sera progressif. Jusqu'où irez-vous ? Comme dans le sport, certains font un peu de jogging le dimanche, d'autres courent le marathon !

Suivez des « routes » avec le regard, à des vitesses variées (sans lunettes !).

VISION CENTRALE ET VISION PÉRIPHÉRIQUE

Le mode de vie et les activités des occidentaux les ont poussés à développer excessivement la vision focalisée. Ils lisent un livre et oublient ce qui est autour. Encore une fois,

l'œil ne bouge plus. Un chasseur primitif ou un marin tiennent compte au contraire de toutes les informations qui leurs parviennent de l'environnement.

Lorsque nous fixons un point, la vision périphérique est toujours là, avec la différence qu'elle est moins nette. Nous la négligeons d'ordinaire, mais il est possible d'en avoir conscience en même temps que de la vision centrale. Développer cette vision périphérique stimule la vue.

Bonnes conditions pour lire et écrire (vision focalisée)

Un éclairage pas trop fort, par derrière, pas de reflets éblouissants dans le champ de vision.

Tenir le texte à une trentaine de centimètres des yeux et, idéalement, incliné à 45 degrés. Si lutrins et pupitres revenaient à la mode, nos yeux y trouveraient leur avantage !

Toujours garder le contact avec tout le corps, veiller à avoir une position confortable qui ne casse pas les axes de la colonne vertébrale, en particulier au niveau de la nuque. Penser à cligner des yeux.

Ne pas lire lorsqu'on est fatigué ou malade.

Bonnes conditions générales

Nous faisons souvent l'effort de regarder au

MAUVAIS

BON

lieu de simplement voir. Il est relaxant et bénéfique pour nos yeux de les tenir ouverts sans effort et de laisser venir toutes les informations visuelles sans concentrer immédiatement notre attention sur un point précis.

En regardant avec une tension maintenue, nous fatiguons nos yeux, alors qu'en « voyant sans regarder », nous stimulons notre œil tout entier.

Bonne vue, mauvaise vue

La vue est en général mesurée selon des critères d'évaluation liés à notre société. Lorsqu'on parle de bien voir, on se réfère aux normes de la vision centrale. Il nous est possible de prendre une certaine liberté par rapport à ces critères et d'évaluer notre vision non pas d'après les normes standard, mais selon la manière dont nous la vivons personnellement.

PHYSIQUE ? PSYCHIQUE ?
LA VUE ET L'IMAGINATION

Notre vue dépend de la façon dont nous « voyons » le monde. Nous avons la possibilité de travailler sur notre vue non seulement au niveau physique, mais aussi au niveau psychique.

En fait, nous ne voyons pas avec les yeux, mais à travers les yeux, avec le cerveau. La pupille est un « trou » par où passe la lumière. Elle est la fenêtre du cerveau. Le stress contracte non seulement les muscles de l'œil et affaiblit la vision, mais affecte aussi le fonctionnement du cerveau. Tout ce qui influence nos pensées et nos émotions agit sur notre vue. (Songeons aux larmes de chagrin, à la vue qui se trouble sous l'effet de la peur ou de la colère, à l'éclat des yeux lorsque nous éprouvons de la joie.)

Notre vue change en fonction de notre état psychique. En agissant sur lui, nous pouvons donc la transformer.

L'accumulation, au fil des années, de pensées et de sentiments négatifs est génératrice de tensions musculaires. Ces tensions empêchent l'œil de travailler sur le plan physique et diminuent notre « envie de voir » sur le plan psychique.

Se libérer des émotions passées permet d'améliorer la vue. Pour y parvenir, nous utiliserons parmi les nombreuses méthodes de psychologie douce celles qui nous correspondent le mieux.

Notre vue reflète ce que nous sommes. Le regard fixe des aliénés témoigne de leur rigidité mentale, tandis qu'à l'opposé, les primitifs et les enfants ont les yeux grands ouverts, sans cesse en mouvement.

*

* *

Quand nous ouvrons les yeux le matin, au lieu de nous dire « je vois mal », accueillons ce que nous voyons sans jugement. Ainsi, nous nous orientons vers une amélioration progressive de notre vue.

Nous pouvons aussi apprendre à « voir » avec les yeux fermés (se reporter à « Techniques de visualisation créatrice », Editions Soleil). Nos yeux et tout notre corps réagissent de la même façon à ce que nous voyons vraiment ou à ce que nous imaginons.

Les idées défaitistes ou négatives nuisent à notre vision.

Si nous pensons, par exemple, à notre défaut visuel héréditaire comme à une fatalité, nous décidons d'avance que nous ne pouvons rien faire. Si nous croyons qu'une chose est impossible, elle l'est...! Si nous la croyons possible, elle peut le devenir...

La seconde partie de ce livre traite en détail cet aspect du travail sur la conscience qui s'avère, dans la pratique, remarquablement utile si on l'ajoute aux mesures d'équilibration générale, aux changements de mode de vie et à l'exercice visuel. Comprendre la complémentarité de tous les moyens de santé, c'est augmenter leur efficacité.

*

* *

Martin Brofman

LE YOGA DE LA VUE OU HUIT SEMAINES POUR AMÉLIORER SA VUE

Introduction

L'auteur a commencé à étudier les relations entre la vue et la conscience en 1976 lorsque, après avoir porté des lunettes pendant vingt ans, il a retrouvé une vue normale. Ce phénomène était un effet secondaire de l'application du concept d'autoguérison qu'il avait utilisé pour se délivrer d'une tumeur de la moelle épinière jugée inopérable et irréversible par les médecins. Bien qu'il n'ait pas travaillé consciemment à l'amélioration de sa vue, il a changé de nombreuses attitudes et idées, il a subi une transformation personnelle profonde qui a modifié son style de vie et sa façon de voir le monde.

Depuis, il a travaillé avec des milliers de personnes aux Etats-Unis et en Europe, enseignant la guérison (healing) et des techniques de rééducation visuelle par un travail d'élargissement de la conscience.

Sa collection toujours plus grande de lunettes et de verres de contact que lui donnent ceux qui n'en ont plus besoin, prouve l'efficacité des techniques qu'il propose.

Ce texte concerne surtout les troubles visuels fonctionnels (myopie, hypermétropie, astigmatisme). Il faut cependant signaler que dans nombre d'affections organiques (cataracte, glaucome, atteinte du nerf optique, etc.), des personnes ont fait état d'amélioration et de guérison après avoir mis soigneusement en pratique les idées exposées ici.

Puisse le lecteur trouver dans ces pages des éléments utiles pour l'aider à progresser sur le chemin de la santé et d'une vision sans cesse meilleure !

LES MÉTAPHORES DE LA VISION

Pourquoi appelons-nous nos yeux les fenêtres de l'âme ? Pourquoi parlons-nous de la façon dont nous « voyons » le monde ? Pourquoi disons-nous « je vois » pour indiquer que nous avons compris ? Quelle relation y a-t-il entre notre vision au sens large, notre vue et notre manière d'être ?

La vue n'est pas simplement un processus physique produisant l'acuité visuelle, mais une fonction multidimensionnelle. Elle influe sur nos états émotionnels et mentaux qui, à leur tour, influent sur elle. En d'autres termes, chaque type de problème visuel correspond à un certain type de personnalité.

Les myopes ont des points communs dans leur personnalité, comme les hypermétropes et les astigmates.

Tous subissent des tensions dans leurs relations avec l'environnement. Le stress est responsable de nos déséquilibres émotionnels et physiques car il reste stocké dans le corps de plusieurs façons ; la tension de certains muscles en est une. Nous pouvons donc dire que la tension physique est de la tension émotionnelle ou mentale stockée dans le corps. La tension de certains muscles correspond à certaines émotions.

En ce qui concerne la vue, une relation a été établie entre divers troubles visuels provoqués par une tension excessive des muscles qui entourent les globes oculaires et certains schémas émotionnels. Pour comprendre ce processus, étudions le fonctionnement des muscles oculaires.

Autour de chaque œil se trouvent six muscles. Nous nous servons de ces muscles pour bouger les yeux dans différentes directions et pendant longtemps, on ne leur a pas reconnu d'autre rôle. Puis on a découvert que ces muscles possèdent une puissance d'une centaine de fois supérieure à celle que nécessite cette fonction. Etant donné qu'il n'existe pas dans le corps humain de structure sans fonction correspondante, il est évident que ces muscles

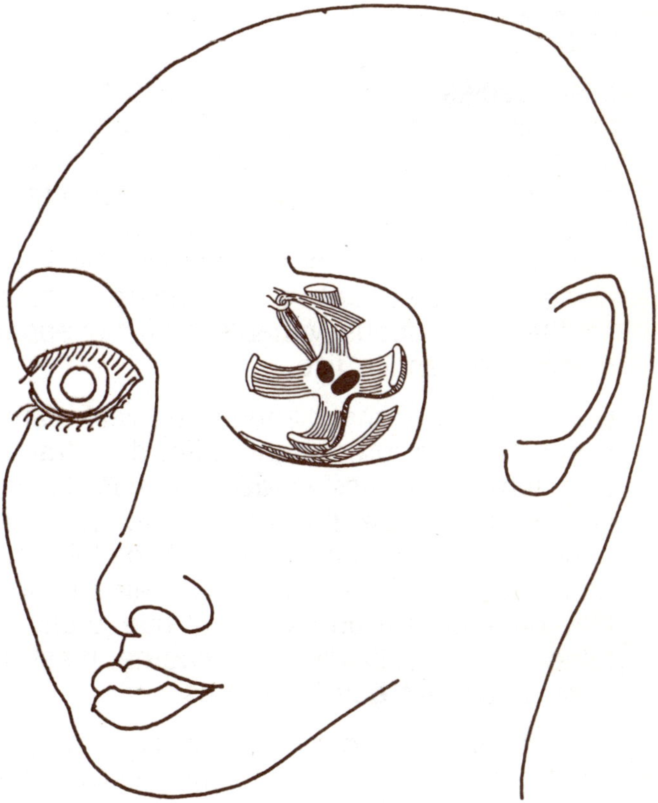

doivent avoir une autre fonction. C'est en effet le cas.

Les muscles qui entourent l'œil font partie du mécanisme d'accommodation de notre vue, de même que le cristallin. Ils provoquent l'allongement ou la rétraction des globes oculaires en fonction de ce que nous regardons, et de ce que nous pensons et ressentons. Ainsi, l'œil ressemble davantage à un appareil photo à soufflet avec focus variable qu'à un appareil rigide avec lentille fixe.

Quatre muscles maintiennent les yeux dans la cavité oculaire, produisant l'effet de rétraction. Une tension excessive de ces muscles crée les conditions de l'hypermétropie et correspond, au niveau émotionnel, à de la colère réprimée ou dirigée contre soi-même (culpabilité), ou encore à un sentiment que, d'une certaine manière, l'individu concerné n'est pas aussi important que les autres.

Deux muscles entourent les yeux comme des ceintures et, lorsqu'ils se tendent, ils compriment l'œil qui s'allonge. Une tension excessive de ces muscles est en rapport avec la myopie et se ressent sous forme d'appréhension, de peur ou de manque de confiance.

Des tensions inégales de différents muscles peuvent créer une distorsion de la vue, appelée astigmatisme, en comprimant le globe oculaire d'une façon irrégulière, lui faisant ainsi perdre sa sphéricité. Ce phénomène est ressenti par l'individu comme de l'incertitude au sujet de ses valeurs, de ce qu'il veut ou éprouve vraiment. Des valeurs « extérieures » ont été admises à « l'intérieur » d'une façon qui n'est ni naturelle, ni organique, ni même ressentie comme réelle pour cet individu.

Les troubles visuels se manifestent souvent chez les gens à une époque où ils font l'expérience de tensions dans leur relation avec leur environnement. En ces moments, ils ne voient pas les choses clairement, ni au sens propre ni au sens figuré. Si la situation se prolonge trop longtemps ou revêt un caractère d'extrême intensité, les muscles soumis à ces tensions peuvent se « geler » temporairement, maintenant l'œil dans une condition d'incapacité d'accommodation et l'individu dans un état de conscience particulier. Ces muscles peuvent toutefois aussi être soulagés des tensions, par des techniques de relaxation et des exercices de Hatha Yoga. Les globes oculaires reprennent alors leur forme naturelle et la vue redevient normale. Les tensions sont relâchées aussi bien dans le corps que dans la conscience de la personne qui retrouve plus d'aisance, plus de clarté, plus de naturel dans sa manière d'être.

Notre vue est nette dans son état naturel, et retrouver cette netteté constitue un retour à l'équilibre.

Puisque la vue est une métaphore de la manière dont nous voyons le monde, et qu'elle est liée à notre personnalité, il suffit d'identifier les éléments du vécu d'une personne se rattachant à son problème de vue pour agir sur eux et, ainsi, retrouver une vue claire. Plutôt que de subir des perceptions visuelles altérées, nous avons le choix de décider d'être à la source de perceptions que nous savons être réellement vraies pour nous. Elles nous serviront mieux dans nos rapports avec notre environnement et nous permettront d'être vraiment nous-mêmes.

Il faudra évidemment s'attendre à ce qu'un changement de personnalité reflète la modification de notre vue. Le « nouvel » être aura des rapports différents avec l'environnement. Ce sera comme s'il venait de se réveiller d'un rêve qu'il avait pris pour la réalité. Les choses lui apparaîtront sous un jour nouveau. Le filtre de perception déterminé par les valeurs de la personne disparaîtra. Sans lui, les vraies valeurs s'affirmeront. Le « nouvel » être aura éventuellement des goûts différents en matière de nourriture ou d'habillement, et changera d'habitudes. Cette transformation sera agréable et positive.

Les méthodes de régénération visuelle qui n'ont pas tenu compte de cet aspect de transformation de la personnalité n'aboutissent qu'à des succès limités. Quand la vue a été rétablie, la personne devient un autre être, avec une nouvelle manière de percevoir le monde. Le degré d'amélioration et la rapidité des progrès sont liés à la volonté de l'individu pour accepter ces changements.

Si nous imaginons que nous sommes entourés d'une bulle d'énergie, de filtres de perception individuels, d'autres métaphores nous apparaissent. Les myopes voient mieux ce qui est près d'eux que ce qui est loin. Ils portent plus d'attention à ce qui se trouve dans la bulle et moins à ce qui se trouve en dehors. Leur attention est orientée vers l'intérieur ; elle se

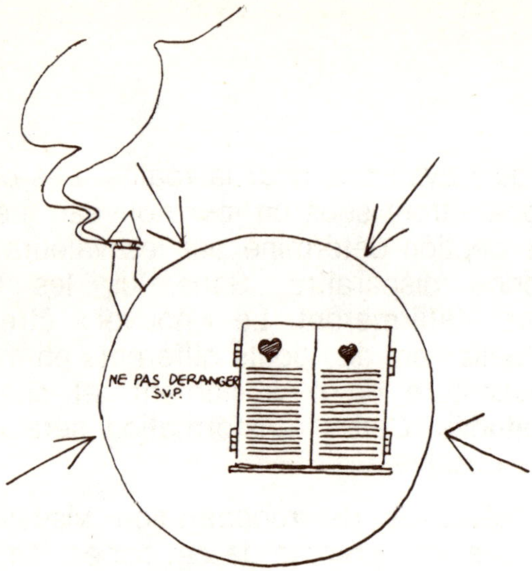

Myopie

détourne de l'extérieur. Ce qu'ils veulent et ressentent est vécu comme plus important que ce que veulent et ressentent les autres. Ils sont orientés vers leur soi d'une façon excessive. « Je » est considéré comme plus important que « vous », et « nous » n'inclut pas « je » et « vous » à part égale. On a un besoin très fort de s'isoler, car on se sent agressé par l'environnement. L'intensité de cette expérience dépend de l'équilibre individuel et du degré de la myopie.

Dans le cas de l'hypermétropie, ce qui est loin est vu plus nettement que ce qui est près. Les hypermétropes sont plus attentifs à ce qui se trouve hors de la bulle qu'à ce qui est dedans. L'énergie se dirige vers l'extérieur, elle s'épanche et se détourne de ce qui est à l'intérieur. Ce que veulent et ressentent les autres est vécu comme plus important que ce que l'on veut ou ressent soi-même. On s'oriente vers les autres d'une façon excessive, au détriment du soi. « Vous » est considéré comme plus important que « je », et « nous » n'inclut pas

Hypermetropie

« je » et « vous » à part égale. L'avantage est du côté du « vous » cette fois. La personne s'intéresse à la vie des autres plus qu'à la sienne, elle a tendance à ne pas vouloir tenir compte d'elle-même. La colère est refoulée, pour ne pas gêner les autres. A nouveau, ce phénomène se vérifie en fonction de l'équilibre individuel et du degré de l'hypermétropie.

Dans le cas de l'astigmatisme, la bulle est déformée. Il existe une incertitude quant à ce que l'on veut ou l'on ressent, selon que le défaut concerne l'œil droit, le gauche ou les deux. Métaphysiquement, l'œil droit (l'œil de la volonté) représente la vision claire de ce que l'on veut et l'œil gauche (l'œil de l'esprit, de la réceptivité) représente la vision claire de ce que l'on ressent. Chez les gauchers, c'est l'inverse. Dans une situation donnée, un astigmate veut ou ressent ce qui est vrai pour lui mais, considérant ses désirs et sentiments comme inadéquats, il les change. Adhérant à ce changement falsificateur, il ne « voit » plus clairement ce qu'il veut ou ressent réellement.

Des combinaisons de troubles visuels correspondent à des associations des caractéristiques exposées ci-dessus. Il est possible de modifier la circulation de l'énergie entre l'intérieur et l'extérieur de la bulle, ainsi que la nature de la bulle elle-même, qui est en fait le « filtre » de perception au travers duquel nous percevons l'environnement. Un filtre « rigide », figé, nous prédispose à des types de perceptions et de relations particuliers.

Nous sommes des êtres d'énergie et l'énergie est dirigée par notre conscience. C'est à nous qu'il appartient de choisir dans quel sens circule l'énergie en fonction d'une situation donnée. Nous choisissons alors en même temps de ne pas être conditionnés par d'anciens schémas d'actions ou de perceptions. Nous changeons les perceptions qui, nous le savons, ne sont pas exactes ni optimales, avec le désir de voir les choses telles qu'elles sont et non pas au travers d'un filtre déformant.

Les myopes peuvent diriger leur énergie vers l'extérieur en se voyant eux-mêmes tels que les autres les voient, et en voyant les autres tels que ceux-ci souhaiteraient se voir eux-mêmes. « Nous » peut inclure « vous » comme l'égal de « je », comme un autre « je » en quelque sorte, tout aussi important.

Les hypermétropes peuvent diriger leur énergie davantage vers l'intérieur en s'accordant autant d'attention qu'ils en donnent aux autres et en se permettant d'en recevoir plus. « Nous » peut alors inclure « je » à égalité avec « vous », « je » étant considéré comme un autre « vous », aussi important et autonome.

Les astigmates peuvent se demander de temps à autre durant la journée : qu'est-ce que je veux et qu'est-ce que je ressens vraiment maintenant ?

Tous peuvent s'aider à être de plus en plus ce qu'ils sont réellement. Avec la détermination et la volonté de changer ses perceptions et les réalités qui les accompagnent, un être peut transformer sa vision du monde, au propre comme au figuré, et retrouver ainsi l'état naturel d'une vue nette.

RETOUR À UNE VUE NETTE

Si vous avez pris la décision de transformer votre vue, il vous faut tenir compte de plusieurs points.

Vous devez désirer profondément le changement et être déterminé à faire le nécessaire pour qu'il se réalise. Ce projet doit devenir une priorité, la chose la plus importante de votre vie, du moins pour un certain temps. Deux mois me paraissent raisonnable. Durant cette période, vous vous faciliterez la tâche en suivant un programme établi à l'avance, comme celui que je recommande plus loin. Il est indispensable de mettre tous les doutes de côté pendant ces deux mois et, à la fin de ce temps, de constater le degré d'amélioration.

Durant la période de transformation, insistez sur le fait que vous ***savez*** que votre vue s'améliore. Il faut y croire. N'écoutez pas la petite voix qui essayera de semer le doute ; identifiez-vous avec la voix qui vous encourage. Il est utile de ne pas démordre de la conviction que des changements se produisent, en dépit d'éventuelles « preuves » apparentes du contraire. Vous devez considérer dans votre conscience comme un fait acquis que le changement est en cours. Si votre vue est floue, cela ne signifie pas que la méthode ne marche pas, mais simplement que le processus n'est pas encore terminé. Vous n'avez pas encore fait l'expérience d'une vue nette, bien qu'elle soit en train de se mettre en place.

C'est ce qu'on appelle L'ATTENTE CONFIANTE, qui est très importante. Vous devez vous encourager à percevoir que les changements se produisent ***maintenant***, même s'ils se situent au seuil de ce qui est observable. Vous pouvez, dans votre enthousiasme, anticiper ces changements et chercher des preuves qu'ils sont ***en train*** de se produire. Vous remarquerez que vous voyez telle chose plus nettement qu'avant. Peut-être aurez-vous l'impression que vous l'imaginez. Vous vous apercevrez bientôt que vous n'inventez pas, qu'il s'agit d'un fait ***réel*** et votre conviction personnelle renforcée stimulera le processus d'amélioration de votre vue.

Vos inquiétudes augmentent le stress qui les transforme peu à peu en prophéties qui se réalisent, puisque stress et tension sont à l'origine des troubles visuels. Dans un sens, il vaut mieux ne pas s'impliquer émotionnellement dans ce processus, mais plutôt attendre avec optimisme que les changements se manifestent.

Il est très utile de ne porter vos lunettes que lorsqu'une activité serait impossible ou dangereuse sans elles. Elles sont indispensables pour conduire une voiture, mais pas pour écouter de la musique ! Quand elles ne sont pas vraiment nécessaires, enlevez-les, afin de libérer votre conscience de l'identification et de la dépendance par rapport à cet objet. De même qu'elles ont immobilisé vos yeux, elles ont maintenu votre conscience dans l'état où elle était lors de l'examen de votre vue. Ce point devient très évident si vous considérez la relation entre votre état de conscience et les tensions dans les muscles des yeux.

Si vous éprouvez une sensation de tiraillement en mettant vos lunettes, cela signifie qu'elles sont sans doute devenues déjà trop fortes. Il serait souhaitable de vous faire prescrire des verres moins forts, pour éviter que les yeux se réadaptent à ces verres. Continuez ainsi jusqu'au jour où vous arriverez soit à la vue normale, soit à la vision parfaite.

Les deux ne sont pas identiques. Les gens qui jouissent d'une vue normale, voient bien la plupart du temps (pas tout le temps), et ils voient presque tout nettement (mais pas tout). La vision parfaite consiste à voir tout, tout le temps !

Durant la période d'amélioration, vous aurez parfois des flashes de vision nette et un autre état de conscience auquel vous vous identifierez. Par ces flashes, des choses qui n'étaient pas claires le deviendront. Vos prises de conscience durant ces flashes de clarté sont des points de référence dont vous vous souviendrez pour recréer ensuite volontairement l'état de conscience qui s'était produit spontanément. La vérité des révélations que vous aurez sera reflétée par la netteté de la vue accompagnant ces prises de conscience. Elles seront, par exemple : « le monde est très attirant », « je suis entouré d'amour et de beauté », « tout est vraiment parfait », ou d'autres encore, en fonction des raisons pour lesquelles vous avez choisi ***de ne pas voir*** et des attitudes mentales que vous aviez adoptées avec des idées comme : « c'est un monde injuste », « tout le monde est contre moi », etc. Il vous apparaîtra alors avec évidence que les anciennes attitudes ne reflètent pas réellement la vérité, mais simplement la manière dont vous voyiez la vie, au travers de lunettes émotionnelles déformantes. La décision de suivre la voie de votre vérité personnelle stimule et encourage le processus de transformation et le retour à une vue nette.

Ces flashes représentent l'état réel de votre vue et vous permettent de savoir que l'expérience d'une vue nette existe déjà dans votre conscience. Cela signifie que vous pouvez vraiment bien voir, mais que vous ne vous êtes pas encore identifié avec cette expérience. Il vous reste donc à devenir un avec l'état de vision nette que vous concevez, et à ne plus le considérer comme extraordinaire. Il s'agit en fait du nouvel état normal de votre vue, accompagné d'un nouvel état de conscience.

De nombreuses personnes sont passées par ce processus de transformation destiné à améliorer leur vue. Il a déterminé un changement d'une telle ampleur dans leur vie que le progrès visuel, relégué à l'arrière-plan, ne constituait plus qu'un effet secondaire. Pourtant au départ, c'était la vue qui avait motivé ce travail.

Vous pouvez commencer chaque jour sans idées préconçues sur qui vous étes, avec le désir de découvrir celui qui commence à apparaître. A la fin de la journée, vous évaluerez la qualité de vos relations avec le monde en notant les changements par rapport à l'image que vous aviez de vous-même. Certains trouvent utile de tenir un journal relatant ce processus de transformation.

Automatiquement, votre conscience recherchera et amènera à votre attention toutes les informations dont vous aurez besoin pour améliorer votre vue, en accord avec votre système individuel de croyances et de valeurs. Ce seront peut-être des principes d'hygiène mentale, un régime alimentaire, des exercices, des intuitions et une nouvelle compréhension d'expériences passées. Tout cela se produira parallèlement à votre décision d'arriver à une vue nette.

Qui vous êtes se reflète dans l'éternel maintenant, le moment de l'expérience. Il vous sera donc utile, au cours de la journée, de vous rappeler consciemment à l'instant présent. Que se passe-t-il *maintenant* et qu'est-ce que j'en pense ? Qu'est-ce que je veux faire *maintenant* ? Quelle est ma vie *maintenant* ? Est-ce que je renonce à mes rêves ou suis-je en train de les vivre ? Cet instant de ma vie est important. Jusqu'à quel degré lui suis-je présent, *maintenant* ? Qu'ai-je vraiment envie d'en faire ?

Regardez cette page, soyez attentif aux lettres, à leur forme, à la dimension de la page, aux espaces entre les lettres, entre les lignes, notez l'état de votre vue, que vous portiez ou non vos lunettes. Et puis, en gardant les yeux fixés sur cette page, pensez à ce que vous avez mangé hier soir, au goût des aliments, à l'ambiance, aux gens qui étaient avec vous.

Vous remarquerez probablement en faisant cette expérience que, lorsque vos pensées se tournent vers le repas d'hier soir, la page d'aujourd'hui devient floue et elle retrouve sa netteté quand vos pensées reviennent au présent.

La vue n'existe qu'au moment de l'expérience. Voyez les choses telles qu'elles sont ***maintenant.***

Nous créons notre propre réalité. Même si nous adhérons mentalement à cette vérité, nous semblons souvent continuer à la nier par nos schémas de pensée et notre façon de parler. On dit : « il m'a mis en colère », au lieu de : « je me suis mis en colère ». Certains expliquent comment « on leur a fait quelque chose », plutôt que comment ils ont bien voulu se laisser manipuler !

La plupart des gens affectés de problèmes de vue se disent incapables de bien voir, ce qui ne reflète pas le fait qu'ils ont créé leur réalité. Ils devraient plutôt dire qu'ils s'empêchent de bien voir ou qu'ils évitent de voir, ou encore qu'ils ne regardent pas telle ou telle chose ; dans un sens profond, cela est vrai.

Pour éviter quelque chose ou pour s'empêcher de le voir, on doit d'abord en avoir connaissance, sinon comment pourrait-on l'éviter ? Exclure une chose, c'est la mettre en évidence, aussi votre esprit, créatif et intelligent, sait que si vous ne voulez pas voir une chose, il doit jeter le voile sur tout le reste. L'homme qui décide de boire pour ne plus voir le joli visage qui le hante devra boire jusqu'à ce qu'il ne voie plus aucun visage.

Malgré tout cela, vous ***pouvez*** voir et vous savez ce que vous avez cherché à éviter. Si vous choisissez de voir ce que vous évitiez de regarder, vous pouvez le faire, et la vérité vous libérera.

EXERCICES

EXERCICE 1 – AIMEZ VOS YEUX

Il s'agit d'un exercice rapide, à faire quotidiennement, et si possible au début de la journée. Il est très important pour votre relation avec vos yeux. Il peut sembler difficile pour commencer, même un peu ridicule, mais vous ne tarderez pas à en constater l'efficacité.

Exercice de base

Regardez vos yeux dans un miroir. En maintenant le regard fixé sur eux, dites-leur à haute voix :

« Je vous aime
Et je vous aimerai toujours,
Quoi qu'il arrive ! »

Si vous n'avez pas maintenu le regard fixé sur vos yeux durant toute la durée de l'exercice, répétez-le jusqu'à ce que vous y parveniez.

Si vous voulez aller plus loin, voici la version avancée de ce même exercice, appelée « aime-toi toi-même ».

Exercice avancé

Dans un miroir, regardez au fond de vos yeux la personne à qui ces yeux appartiennent.

... S'aimer soi-même...

En la regardant droit dans les yeux, dites à cette personne à haute voix :

« Je t'aime,
Et t'aimerai toujours,
Quoi qu'il arrive ! »

Si vous n'avez pas pu soutenir ce regard durant toute la durée de l'exercice, recommencez jusqu'à ce que vous y parveniez.

EXERCICE 2 – NE RIEN FAIRE

Quand vous prenez la responsabilité de votre propre conscience, vous pouvez décider de faire quelque chose, et puis rester ferme sur votre décision, en insistant auprès de vous-même pour faire cette chose, sans vous laisser écarter de votre objectif.

Si, par exemple, vous choisissez de rester assis sans bouger et sans rien faire pendant un quart d'heure chaque jour — ce qui constitue un exercice de discipline mentale et de relaxation — vous devez être capable d'y arriver. Cela peut vous sembler du temps perdu ; soyez assuré qu'il n'en est rien. Isaac Newton pensait peut-être qu'il perdait son temps assis sous un pommier, mais c'est ainsi qu'il découvrit la loi de la gravité.

Le stress nuit à la vue. Lorsque nous sommes stressés, nous ne voyons clairement, ni au sens propre ni au sens figuré. La relaxation est favorable à la vue et forme la base de nombreuses techniques destinées à l'améliorer.

Si vous avez l'impression qu'une tâche vous attend, laissez-la attendre. Vous l'accomplirez plus tard. Si vous avez l'impression que vous devez réfléchir à tel ou tel problème, reportez cette réflexion à la fin de l'exercice. Pendant un quart d'heure, vous n'avez rien à décider, à analyser, à lire, à écouter ou à faire.

Veillez bien à ne faire RIEN du tout !

Après ce quart d'heure, ouvrez les yeux et observez votre état de conscience. Est-il le même que lorsque vous avez commencé l'exercice ? En quoi est-il différent ? Qu'avez-vous été tenté de faire ? S'agit-il des mêmes tentations chaque fois que vous effectuez l'exercice ? Pour quelles raisons avez-vous été tenté de l'interrompre et de « sortir de votre espace » ? Qu'est-ce qui semblait s'interposer entre vous et la réalisation de cet exercice ?

Il est recommandé de faire cet exercice en position assise, sans bouger. Avec la pratique, il devient de plus en plus facile et ses bienfaits plus évidents. Entre autres choses, il développe la concentration et établit un schéma de succès pour le travail sur le mental. Il augmente la clarté de la pensée et vous met en contact avec vos priorités.

EXERCICE 3 – RELAXATION PROGRESSIVE

La relaxation physique constitue un moyen très efficace d'induire des états de conscience particulièrement profonds qui auront des effets bénéfiques sur la vue. Au fur et à mesure que le corps se relaxe, le mental entre dans des états de détente toujours plus profonds.

Cet exercice peut se faire assis ou couché. Beaucoup de gens préfèrent être assis pour atteindre des états de conscience plus relaxés, sans risquer de s'endormir.

Il s'agit de relaxer le corps, progressivement, en fixant délibérément son attention sur chacune de ses parties. On commence par les orteils, pour remonter lentement, en demandant mentalement à chaque partie du corps de se laisser aller et de se relaxer, de la façon suivante :

— Trouvez une position confortable.
— Fermez les yeux.
— Saluez vos orteils, dites-leur, par exemple, : « bonjour les orteils ! ».
— Dites-leur qu'ils peuvent se relaxer et demandez-leur de se relaxer maintenant. (Ex. « Orteils, vous pouvez vous relaxer. Voulez-vous maintenant ? »)
— Sentez-les se relaxer et remerciez-les.
— Saluez vos pieds, dites-leur qu'ils peuvent se relaxer et demandez-leur de se relaxer maintenant.
— Sentez-les se relaxer et remerciez-les.
— Saluez vos chevilles et, de la même façon, demandez-leur de se relaxer.
— Sentez-les se relaxer et remerciez-les.
— Saluez vos mollets, dites-leur qu'ils peuvent se relaxer et demandez-leur de se relaxer maintenant.
— Sentez-les se relaxer et remerciez-les.
— Saluez vos avant-jambes, dites-leur qu'ils peuvent se relaxer et demandez-leur de se relaxer maintenant.

— Sentez-les se relaxer et remerciez-les.

— Saluez vos genoux, dites-leur qu'ils peuvent se relaxer et dites-leur de se relaxer maintenant.

— Sentez-les se relaxer et remerciez-les.

— Saluez vos cuisses, dites-leur qu'elles peuvent se relaxer et demandez-leur de se relaxer maintenant.

— Sentez-les se relaxer et remerciez-les.

— Saluez vos fesses, dites-leur qu'elles peuvent se relaxer et demandez-leur de se relaxer maintenant.

— Sentez-les se relaxer et remerciez-les.

— Saluez le bas de votre dos, dites-lui qu'il peut se relaxer et demandez-lui de se relaxer maintenant.

— Sentez-le se relaxer et remerciez-le.

— Saluez votre ventre, dites-lui qu'il peut se relaxer et demandez-lui de se relaxer maintenant.

— Sentez-le se relaxer et remerciez-le.

— Saluez le milieu de votre dos et dites-lui

qu'il peut se relaxer ; demandez-lui de se relaxer maintenant.

— Sentez-le se relaxer et remerciez-le.

— Saluez la région de votre estomac, dites-lui qu'elle peut se relaxer, demandez-lui de se relaxer maintenant.

— Sentez-la se relaxer et remerciez-la.

— Saluez le haut de votre dos, dites lui qu'il peut se relaxer ; demandez-lui de se relaxer maintenant.

— Sentez-le se relaxer et remerciez-le.

— Saluez votre poitrine, dites-lui qu'elle peut se relaxer, demandez-lui de se relaxer maintenant.

— Sentez-la se relaxer et remerciez-la.

— Saluez vos doigts et dites-leur de se relaxer ; demandez-leur de se relaxer maintenant.

— Sentez-les se relaxer et remerciez-les.

— Saluez-vos mains, dites-leur qu'elles peuvent se relaxer, demandez-leur de se relaxer maintenant.

— Sentez-les se relaxer et remerciez-les.

— Saluez vos poignets, dites-leur qu'ils peuvent se relaxer ; demandez-leur de se relaxer maintenant.

— Sentez-les se relaxer et remerciez-les.

— Saluez vos avant-bras, dites-leur qu'ils peuvent se relaxer ; demandez-leur de se relaxer maintenant.

— Sentez-les se relaxer et remerciez-les.

— Saluez vos bras, dites-leur qu'ils peuvent se relaxer ; dites-leur de se relaxer maintenant.

— Sentez-les se relaxer et remerciez-les.

— Saluez vos épaules, dites-leur qu'elles peuvent se relaxer ; demandez-leur de se relaxer maintenant.

— Sentez-les se relaxer et remerciez-les.

— Saluez votre nuque, dites-lui qu'elle peut se relaxer ; demandez-lui de se relaxer maintenant.

— Saluez vos mâchoires, dites-leur qu'elles peuvent se relaxer ; demandez-leur de se relaxer maintenant.

— Sentez-les se relaxer et remerciez-les.

— Saluez votre visage, dites-lui qu'il peut se relaxer, demandez-lui de se relaxer maintenant.

— Sentez-le se relaxer et remerciez-le.

— Saluez vos yeux, dites-leur qu'ils peuvent se relaxer, demandez-leur de se relaxer maintenant.

— Sentez-les se relaxer et remerciez-les.

— Saluez votre front, dites-lui qu'il peut se relaxer, demandez-lui de se relaxer maintenant.

— Sentez-le se relaxer et remerciez-le.

— Saluez votre crâne, dites-lui qu'il peut se relaxer, demandez-lui de se relaxer maintenant.

— Sentez-le se relaxer et remerciez-le.

Décidez que vous verrez mieux lorsque vous vous lèverez et ouvrirez les yeux. Vous pouvez dire des phrases du type :

— Je vais compter jusqu'à cinq et à cinq, je

claquerai les doigts et ouvrirai les yeux, et je verrai et me sentirai mieux qu'auparavant.

— Un, deux, je reviens lentement et facilement.

— Trois à cinq, je claquerai les doigts et ouvrirai les yeux, je verrai et me sentirai beaucoup mieux qu'auparavant.

— Quatre, cinq (claquement des doigts) : les yeux ouverts, je vois et me sens mieux qu'auparavant.

Durant cet exercice, au moment où vous arrivez à vos yeux pour les relaxer, vous serez en mesure de détecter aisément les tensions qui les affectent et de les relâcher.

L'exercice entier prend au moins dix à quinze minutes s'il est fait correctement. Cette indication vous permettra de trouver votre rythme.

A l'issue de l'exercice, vous remarquerez que votre vue est devenue un petit peu plus nette, ne serait-ce que pour quelques instants. Plus vous répèterez le processus, plus grande sera l'amélioration.

EXERCICE 4 – PROGRAMMATION POSITIVE

Pendant l'exercice n° 3 de « relaxation progressive », au fur et à mesure que votre corps, votre mental et vos yeux se relaxent, la fréquence de vos ondes cérébrales change et passe du rythme appelé « Bêta » (14 à 21 cycles par seconde) à un rythme de relaxation appelé « Alpha » (7 à 14 cycles par seconde). Alpha correspond à un état de conscience plus créatif, où la visualisation devient plus aisée, avec des effets plus profonds. Il permet une réceptivité bien plus grande aux concepts qui vous sont bénéfiques et servent vos objectifs. A ce niveau de conscience, votre mental contrôle davantage votre corps (comme en témoignent les exploits physiques des yogis) et votre corps répond plus facilement à la réalité que crée votre mental. Dans cet état, qui n'est pas un état de transe, vous ferez peut-être simplement l'expérience d'une détente profonde, mais peut-être noterez-vous aussi des mouvements légers et rapides des paupières ou des yeux.

Commencez par l'exercice n° 3 de « relaxation progressive ». Lorsque vous arrivez au crâne, et avant de commencer à compter pour revenir à l'état normal de veille, créez une image mentale représentant votre vie une fois que vous aurez retrouvé une vue nette et incluez-vous dans cette image.

Ayez une image de vous-même, vous servant de vos yeux dans des conditions agréables d'une vue nette, imaginez-vous voyant bien, d'une façon aisée et naturelle, sans lunettes.

Maintenez cette image pendant 10 secondes. Puis imaginez-vous dans le cabinet de votre ophtalmologue. Vous êtes impatient de savoir quelle mine il fera en découvrant ce que vous avez déjà découvert : que vous voyez bien !

Puis imaginez qu'il vous examine, que vous voyez très bien le tableau. Observez l'expression du médecin. Tout se déroule exactement comme vous l'avez imaginé. Entendez-le vous dire : « Je ne comprends pas. Nous avons peut-être commis une erreur la dernière fois, car les verres que vous portez sont vraiment trop forts pour vous maintenant ».

Remerciez votre médecin étonné et retournez dans le monde pour jouir de la dimension nouvelle que vous révèle votre vue.

Dites-vous à vous-même : « Maintenant mes

yeux se relaxent. Maintenant ma vue s'améliore. Chaque fois que je me relaxe ainsi, ma vue s'améliore davantage. Je n'ai qu'à en prendre conscience. »

Comme à la fin de l'exercice n° 3, comptez jusqu'à cinq et ouvrez les yeux ; vous vous sentez mieux qu'auparavant et vous voyez mieux.

Plus vous vous décrivez cette scène, plus vous vous la rappelez et plus vous créez la réalité correspondante.

En formulant vos affirmations positives après la visualisation, prenez soin d'adhérer à elles en votre for intérieur, pensez-les au moment où vous les dites. Encouragez la perception que votre vue s'améliore, même si, au début, vous avez l'impression de « faire comme si ». Après quelque temps, vous remarquerez que vous pouvez véritablement voir des choses que vous ne voyiez pas auparavant et vous aurez alors la certitude que le processus fonctionne effectivement.

EXERCICE 5 — HATHA-YOGA DES YEUX

Il s'agit d'une approche tout à fait classique et

efficace de régénération visuelle. Elle se révèle très utile et bénéfique si les exercices sont effectués dans un état de relaxation mentale du type de celui que l'on atteint par l'exercice n° 3. Ces exercices permettent aux muscles oculaires de travailler en douceur par le simple fait de bouger les yeux dans tous les sens, sans jamais les forcer. Entre chaque série de mouvements, il convient de reposer les yeux et le mental par du palming. Pour s'aider, on peut imaginer un petit bonhomme en train de peindre au rouleau le champ visuel qui devient toujours plus noir. On a découvert que les gens dont la vue est normale visualisent plus facilement le noir. Nous nous proposons donc de créer les caractéristiques d'une vue normale.

Il faut souligner que, pendant les exercices, on ne se préoccupe pas de déterminer jusqu'où les yeux peuvent bouger dans chaque direction, mais seulement jusqu'où ils peuvent bouger ***sans peine***. L'amplitude des mouvements se développera automatiquement avec le temps, au fur et à mesure que les muscles oculaires seront soulagés de leurs tensions.

Commencez par l'exercice n° 3 de « relaxation

progressive » pour créer l'état de relaxation mentale qui permettra à ces exercices de produire un effet optima.

— Quand vous arrivez au crâne, avant de compter pour revenir à l'état normal de veille, faites une minute de palming en imaginant un noir toujours plus profond. Puis ouvrez les yeux. Sans bouger la tête, bougez les yeux vers le haut et vers le bas, cinq fois.
— Faire une minute de palming en imaginant un noir toujours plus profond.
— Ouvrez les yeux, sans essayer de les fixer sur un objet. Sans bouger la tête, bougez vos yeux de gauche à droite, et de droite à gauche, cinq fois.
— Faites une minute de palming en imaginant un noir toujours plus profond.
— Ouvrez les yeux.
— Bougez-les en diagonale, dans une seule direction, cinq fois.
— Faites une minute de palming en imaginant un noir toujours plus profond.
— Ouvrez les yeux.
— Bougez-les en diagonale, dans la direction

opposée à celle choisie précédemment, cinq fois.

— Faites une minute de palming en imaginant un noir toujours plus profond.
— Ouvrez les yeux.
— Bougez-les en demi-cercle vers le haut, de gauche à droite, cinq fois.
— Faites une minute de palming en imaginant un noir toujours plus profond.
— Ouvrez les yeux.
— Bougez-les en demi-cercle vers le bas, de gauche à droite, cinq fois.
— Faites une minute de palming en imaginant un noir toujours plus profond.
— Ouvrez les yeux.
— Bougez-les en cercle complet, cinq fois.
— Faites une minute de palming. Le noir est toujours plus noir.
— Comptez pour revenir à l'état de veille, comme dans l'exercice n° 3 ou l'exercice n° 4.

Faites cet exercice une fois par jour, jusqu'à ce que votre vision devienne nette.

Pendant l'exécution des mouvements, les tensions des muscles oculaires et de la conscience se relâchent en douceur et, au bout d'un certain temps, les globes oculaires auront naturellement tendance à reprendre leur forme normale, entraînant la restauration de la vue.

Les techniques de relaxation contribuent à rendre votre vie plus facile et plus agréable, et elles clarifient votre vision à plusieurs niveaux.

Rappelez-vous que la relaxation améliore la vue. Les techniques à appliquer pendant un quart d'heure par jour ne constituent qu'un moyen pour nous d'arriver à une manière de vivre et une façon d'être plus détendues, à une meilleure acceptation de nous-même, de nos valeurs, de nos sentiments véritables, quels qu'ils soient, pour que nous puissions exprimer le plus totalement possible ce que nous sommes réellement. Quand notre être intérieur et notre être extérieur seront en harmonie l'un avec l'autre, nous serons en meilleure santé, plus heureux, et notre vue s'améliorera.

EXERCICE 6 – RENFORCEMENT

Voici peut-être la partie la plus essentielle du

processus d'amélioration de la vue. Vous devez vous dire et vous redire constamment que votre vue s'améliore, jusqu'au moment où vous le constaterez vraiment.

On dit que le mental est semblable à un singe ivre qui joue toutes sortes de tours quand il n'a rien à faire. Au contraire, s'il est occupé, il s'adonne à sa tâche avec zèle. Maintenez donc votre mental affairé avec l'idée que votre vue s'améliore, chargez-le de trouver mille façons de vous le rappeler. Il les trouvera. Dites, par exemple : « Je vois de mieux en mieux et je distingue de plus en plus de choses que je ne voyais pas auparavant ». Ainsi, votre mental aura pour mission de vous prouver que vous avez raison.

Au lieu de vous parler à vous-même pour rien, ou pour osciller d'une idée positive (orientée vers le succès) à une idée négative (orientée vers l'échec), au lieu de penser à des choses sans importance, employez votre temps à vous rappeler que vous allez toujours mieux, et à remarquer que toutes les choses que vous voyez maintenant sont plus nettes qu'avant. Gardez une attitude positive face au processus d'amélioration de votre vue.

Pensez que vos yeux sont merveilleux. Ce ne sont pas de « mauvais yeux », mais des yeux merveilleux qui se sont affaiblis et qui, maintenant, sont en train de se fortifier à nouveau. Aimez vos yeux. L'amour fait des miracles !

Observez à quelle distance vous réussissez à distinguer les unes des autres les pierres des murs ou les feuilles des arbres et notez que l'amélioration est constante. Maintenez votre attention vers l'avant, vers l'amélioration, et non pas vers l'arrière sur la faiblesse de votre vue.

Appréciez votre vue. Lorsqu'elle est trouble, prenez plaisir à voir les couleurs ; lorsqu'elle est nette, prenez plaisir à voir les détails. Si vous aviez été complètement aveugle pendant quelque temps et si, soudain, vous pouviez voir ce que vous voyez aujourd'hui, que ressentiriez-vous ? Vous seriez ravi de votre vue et vous l'apprécieriez.

Permettez aux changements positifs de se produire. Les traits de caractère avec lesquels vous vous êtes identifiés si longtemps appartiennent à la personne ancienne. L'être nouveau qui commence à émerger est la personne que vous êtes réellement. Laissez le passé être du passé et identifiez-vous uniquement avec les qualités positives que vous voyez apparaître, avec votre vie de plus en plus heureuse au fur et à mesure que votre être nouveau s'installe.

Il vaut mieux de parler du projet d'améliorer votre vue avec des gens qui vous encouragent et vous souhaitent de réussir. Ceux qui ne comprennent pas réellement le processus risquent de tenter de vous décourager, et cela avec les meilleures intentions du monde. Avant de parler avec eux, attendez d'avoir atteint un niveau tangible et mesurable d'amélioration, pour qu'ils ne puissent pas mettre en doute votre succès.

Maintenez constamment dans votre esprit l'idée que votre vue est sans cesse en train de s'améliorer et que cette amélioration est en cours ***maintenant***.

Lisez ce texte au moins une fois par semaine durant le processus d'amélioration. Vous remarquerez que les mots revêtiront toujours plus de signification pour vous et que les idées vous seront de plus en plus claires.

Vous avez entrepris à travers les royaumes de

votre conscience un voyage intérieur exaltant et magnifique. Vous découvrez la nature multidimensionnelle de votre vision et la relation entre votre corps et votre esprit. Vous explorez l'essence même de votre être, de la personne que vous êtes réellement ; vous explorez la puissance de votre mental et de votre imagination et tout ce qu'ils peuvent réaliser. Ce que vous découvrez vous apporte la certitude que rien n'est impossible pour vous, qu'il y a seulement des choses que vous n'avez pas encore appris à faire.

Maintenant, vous apprenez à améliorer votre vue et vous notez toujours plus de progrès. Vous constatez de plus en plus que vous pouvez voir vraiment.

JE

VOIS

DE

MIEUX

EN

MIEUX

PROGRAMME RECOMMANDÉ POUR DEUX MOIS

Une fois par semaine, lisez ce texte. (Il n'est pas très long !)

Commencez chacune de vos journées par l'exercice 1, puis au cours de la journée, faites l'exercice 6.

Vous pouvez choisir n'importe quel moment pour pratiquer vos exercices, mais les meilleurs sont dans l'ordre décroissant : tôt le matin, en début de soirée, à midi.

S'il est bon de pratiquer un exercice par jour (en plus des n°s 1 et 6), il est excellent d'en pratiquer deux, et trois serait idéal.

Le programme optimal prévoit en outre un « journal des progrès ». On peut l'écrire en fin de journée en y notant les expériences positives relatives à la restauration de sa vue.

Après deux mois, évaluez le degré d'amélioration. Si la réussite n'est pas encore totale, faites-vous prescrire des verres plus faibles et reprenez le processus à partir de la troisième semaine. Continuez jusqu'à ce que la vue soit suffisamment bonne pour que vous n'ayez plus besoin de lunettes.

Le tableau de la fin du livre vous servira de guide. Les exercices de relaxation progressive, de programmation positive et de Hatha-Yoga des yeux sont certes faciles à mémoriser. Si vous désirez les enregistrer vous-même sur une cassette, enregistrez la relaxation progressive et la programmation positive d'un côté et de l'autre, ces mêmes exercices, plus ceux du yoga des yeux.

COMMENT UTILISER LE TABLEAU ORTHOPTIQUE (Voir page 118)

Ce tableau n'est pas un test, mais un baromètre qui vous permet de mesurer vos progrès, d'observer le degré d'amélioration de votre vue.

Photocopiez ce tableau et placez-le sur un mur ou sur une porte, de façon à pouvoir le regarder avec un recul de 2 mètres. Utilisez-le de temps en temps pour vous rendre compte de l'amélioration que vous avez déjà obtenue.

Vous connaîtrez probablement bientôt le tableau par cœur, tant mieux. En effet, en le mémorisant, vous vous souviendrez de la forme des lettres et vous pourrez donc imaginer de mieux en mieux que vous pouvez voir les petites lettres. Si vous imaginez que vous pouvez voir les petites lettres de *ce* tableau-là, vous réussirez la même chose avec n'importe quel autre tableau.

La vision est un processus qui implique la mémoire et l'imagination et, en vous servant d'elles, vous améliorerez votre vue.

De temps en temps, il serait utile qu'un ami vous lise lentement le tableau, tandis que vous vous contenterez de le regarder. Vous serez alors étonné de constater que les lettres deviennent subitement nettes à l'instant où il les dit, ce qui démontre qu'en réalité, vous ***êtes capable*** de les voir.

Vous aurez alors la joie de vous rappeler de mieux en mieux ce qu'est une bonne vue !

PROGRAMME QUOTIDIEN SUR DEUX MOIS

	BON	EXCELLENT	PARFAIT
Première semaine (relire ce livre)	Aimez vos yeux	Aimez vos yeux	Aimez vos yeux
Début de journée	Ne rien faire	— Ne rien faire — Rela-xation progressive	— Ne rien faire — Rela-xation progressive — Exercice des yeux
Pendant la journée	Renfor-cement	Renfor-cement	Renfor-cement
Fin de journée			Journal des progrès

2e semaine (relire ce livre)	Aimez vos yeux	Aimez vos yeux	Aimez vos yeux
Début de journée	Relaxation progressive	— Ne rien faire — Exercice des yeux	— Ne rien faire — Programmation positive — Exercice des yeux
Pendant la journée	Renforcement	Renforcement	Renforcement
Fin de journée			Journal des progrès
3e à 8e semaine (relire ce livre)	Aimez vos yeux	Aimez vos yeux	Aimez vos yeux
Début de journée	Exercices des yeux	— Programmation positive — Exercice des yeux	— Ne rien faire — Programmation positive — Exercice des yeux

Pendant la journée	Renforcement	Renforcement	Renforcement
Fin de journée			Journal des progrès

9e semaine

Faites examiner vos yeux.

Si votre vue est devenue parfaite, fêtez l'événement. Sinon, félicitez-vous pour les progrès déjà accomplis et répétez le programme des semaines 3 à 8.

H N

P T X Z

F Z D T N

T X H Z N P

P H U N T D

N P X T F H

U Z D N P T

BIBLIOGRAPHIE

BENJAMIN H.

« MIEUX VOIR SANS LUNETTES »

Un guide pratique de la méthode Bates. Comment guérir des troubles fonctionnels des yeux par des exercices simples qui pourraient vous dispenser des verres correcteurs. Influence du régime alimentaire.
Editions Desforges.

CORBETT M.D.

« YOGA DES YEUX »

La relaxation oculaire par les exercices de décontraction des yeux, qui retrouvent santé, force et équilibre. Avec exercices pour jeunes enfants.
Editions Marabout.

DERMEYER J.

« PROTÉGEZ ET RÉÉDUQUEZ VOS YEUX »

Un bon exposé des troubles de la vision, de leurs symptômes, ainsi qu'une explication claire des maladies des yeux et de leurs traitements.
Editions Andrillon (Diffusion Nouvelle du Livre).

DEXTREIT R.

« SANTÉ DES YEUX »

Une brève présentation de la gymnastique oculaire et des traitements naturels (alimentation, respiration, relaxation) pour soigner les maladies des yeux.
Editions de la revue « Vivre en Harmonie ».

HUXLEY A.

« L'ART DE VOIR »

L'histoire d'une cure miraculeuse. Une étude de psychologie visuelle. Un message d'espérance pour quiconque est atteint de défaut visuel.
Editions Payot.

MILLOT G.M.

« VOS YEUX »

Livre inspiré de la méthode Bates de rééducation visuelle, appplicable chez vous, par vous et vos enfants. Comment conserver une bonne vue, corriger le strabisme, supprimer les lunettes et embellir vos yeux.
Editions Médicis.

PASSEBECQ A. et J.

« LA SANTÉ DE VOS YEUX »

Comment soigner les troubles de l'accommodation, les maladies des yeux et les accidents d'urgence. Rééducation visuelle et régénération oculaire par les méthodes naturelles.
Editions Dangles.

SEBASTIEN L.

« SAUVEZ VOS YEUX »

Une analyse des exercices visuels de la méthode Bates pour une bonne vision sans verres.
Editions de la Vie Claire.

SEBASTIEN L.

« LA MYOPIE SCOLAIRE »

Une brochure sur la myopie causée par les travaux scolaires. Comment la prévenir ou l'arrêter.
Edité par l'auteur.

VILLENEUVE J.

« AMÉLIORER VOTRE VUE PAR LA GYMNASTIQUE OCULAIRE »

L'auteur explique comment des exercices spécifiques et répétés, une alimentation appropriée, une hygiène physique et mentale adéquate, peuvent améliorer la vue. Il indique également le « bonne façon » pour les yeux d'utiliser l'eau, le soleil, les plantes, le sommeil, la lumière et les couleurs...
Editions de Vecchi.

Anglais :

BATES W.H.

« BETTER EYESIGHT WITHOUT GLASSES »

Un livre de base. Le Dr Bates est le premier (en 1919) a avoir fait connaître les bienfaits de la gymnastique oculaire. Sa méthode consiste en une série d'exercices qui détendent les muscles des yeux avant de les entraîner à focaliser sans tension.
Granada Publishing.

COHEN N.S./SHAPIRO J.L.

« OUT OF SIGHT INTO VISION »

Ce livre intéressera tous ceux qui souhaitent avoir une compréhension plus profonde de la vue et de ses mécanismes, des processus sensoriels et de la vision, qui est la capacité cérébrale d'interpréter la vue.
Simon and Schuster Pub.

CORBETT M.D.

« HELP YOURSELF TO BETTER SIGHT »

Un livre pratique de régénération visuelle basée sur la méthode Bates, avec exercices pour la relaxation physique et mentale et un chapitre sur la vue des bébés et des jeunes enfants.
Wilshire Book Company.

EDEN J.

« THE EYE BOOK »

Dans ce livre, le Dr Eden explique, dans un langage accessible, le fonctionnement des yeux, leurs soins, leurs anomalies possibles, et la façon de traiter les maladies communes et moins communes qui peuvent les affecter.
Penguin Books.

JACKSON J.

« SEEING YOURSELF SEE »

Ce livre vous aidera à devenir plus conscient de vos processus visuels, de façon à développer une vision totale, créative.
Les exercices proposés, qui comprennent des techni-

ques de soin et de massage, concernent non seulement la vision physique, mais également la vision intérieure utilisable dans les domaines de la méditation, du yoga et de l'art.
Dutton & Co Pub.

SCHOLL L.
« VISIONETICS »
Une approche « holistique ». Les problèmes de la vue sont replacés dans un contexte plus global. La démarche proposée comprend, en plus de la gymnastique oculaire, le reconditionnement du corps tout entier et la relaxation du mental.
Doubleday & Co.

SIMPKINS R.B.
« OCULOPATHY »
Un livre très technique sur le fonctionnement musculaire et nerveux des yeux, les inconvénients des verres correcteurs et les méthodes alternatives de traitement.
Health Science Press.

SIMPKINS R.B.
« VISIBLE RAY THERAPY OF THE EYES »
Techniques de thérapie basées sur une découverte : les rayons lumineux du spectre visible possèdent une énergie (électricité indirecte) qui soigne naturellement les yeux et la vision.
Health Science Press.

LES LIVRES DES ÉDITIONS SOLEIL

Collection ALIMENTATION SAINE
- APPRENDRE A SE DETOXIQUER - Dr Soleil
- APPRENDRE A SE NOURRIR - Dr Soleil
- GRAINES GERMÉES - JEUNES POUSSES - Dr Soleil
- GUIDE DES RÉGIMES - Dr Soleil
- JARDINER "SOLEIL" - Dr Soleil
- MANGER "SOLEIL" - Dr Soleil
- VIANDE ET SANTÉ - Dr John A. Scharffenberg

Collection SANTÉ
- AGIR POUR SE GUÉRIR - Dr Soleil
- APPRENDRE A MASSER LES PIEDS - Dr Soleil
- APPRENDRE A MIEUX VOIR - Dr Soleil et Martin Brofmann
- COMPRENDRE LES MALADIES GRAVES - Christopher Vasey
- LE CANCER APPRIVOISÉ - Léon Renard
- L'ALIMENTATION VIVANTE : LE MIRACLE DE LA VIE - M. Karén-Werner
- DES ENFANTS SAINS... MÊME SANS MÉDECIN - Dr R.S. Mendelson
- HYGIÈNE INTESTINALE - Dr Soleil
- LA POLARITÉ, VOS MAINS GUÉRISSENT - Richard Gordon
- LES DENTS-LUMIÈRE - Yves Gauthier
- NATURE CONTRE SIDA - Bruno Comby
- RIRE, C'EST LA SANTÉ - Dr Christian Tal Schaller
- SECRETS TIBÉTAINS DE JEUNESSE ET DE VITALITÉ - Peter Kelder
- VACCINER VOS ENFANTS ? - Dr Françoise Berthoud
- YOGA CRÉATIF POUR LES ENFANTS - Rachel Carr
- DU SIDA A LA SANTÉ - L'histoire de Roger : son combat et sa victoire - Bob Owen
- SIDA - ESPOIR - Dr Soleil

Collection DÉVELOPPEMENT PERSONNEL
- AIMER, C'EST SE LIBÉRER DE LA PEUR - Dr Gerald Jampolsky
- BONJOUR BONHEUR ! - Ken Jeyes Jr.
- N'ENSEIGNEZ QUE L'AMOUR - Dr Gerald Jampolsky
- SANS PEUR ET SANS REPROCHES - Dr Gerald Jampolsky
- TECHNIQUES DE VISUALISATION CRÉATRICE - Shakti Gawain
- TRANSFORMEZ VOTRE VIE - Louise Hay
- VAINCRE PAR LA SOPHROLOGIE - Dr Raymond Abrezol

Collection EXPÉRIENCES SPIRITUELLES
- DIALOGUE AVEC LA NATURE - Michael J. Road
- LA MORT, UN PONT VERS LA VIE - P. Hayes et M. Smith
- LA VIE BIOGÉNIQUE - E. Bordeaux-Szekely
- L'INCORRIGIBLE OPTIMISTE - E. Bordeaux-Szekely
- LE GUERRIER PACIFIQUE - Dan Millman
- MANUEL DE COMMUNICATION SPIRITUELLE - S. Roman et D. Packer
- NÉ POUR GUÉRIR - Reshad Feild
- NUTRITION SPIRITUELLE ET ALIMENTATION ARC-EN-CIEL Gabriel Cousens
- SAUVÉE DE LA FOLIE - Divaldo Pereira
- UTILISE CE QUE TU ES - Fun-Chang
- VIVRE EN HARMONIE AVEC L'UNIVERS - E. Bordeaux-Szekely

Catalogue complet livres et cassettes sur demande.

Editions Soleil S.A.
32, av. Petit-Senn - CH - 1225 CHENE-BOURG, Genève

AIMER C'EST SE LIBÉRER DE LA PEUR
Docteur Gérald Jampolsky

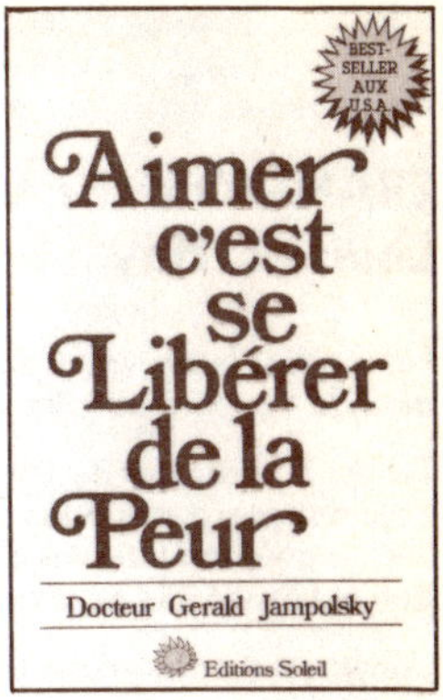

Il n'y a que deux émotions : l'amour et la peur. La première est notre héritage naturel, l'autre, une création de notre esprit. Apprendre à se délivrer de la peur permet de trouver l'amour et l'harmonie.

Ce livre est un guide pratique. Ses leçons nous permettent d'appliquer chacune de ses idées-clé dans notre vie quotidienne.

154 pages / FS 22.– / FF 82.–

N'ENSEIGNEZ QUE L'AMOUR
Docteur Gérald Jampolsky

Ce livre expose les principes de la guérison des attitudes, qui consiste à ne garder que des pensées d'amour, à ne plus nous percevoir comme séparés les uns des autres, à ne plus analyser, interpréter ni juger. De très beaux exemples, choisis parmi les expériences de l'auteur avec ses malades, en majorité des enfants, illustrent ces principes.

150 pages / FS 24.– / FF 88.–

SANS PEUR ET SANS REPROCHES
Docteur Gérald Jampolsky

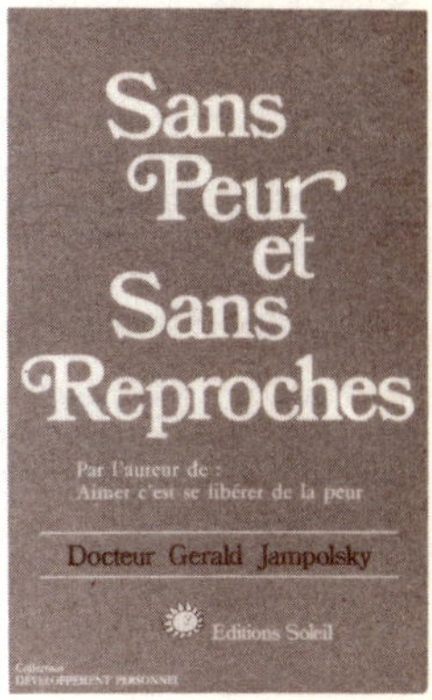

Les reproches : nous en adressons sans cesse aux autres et à nous-mêmes, parce que le passé ne s'est pas déroulé conformément à nos souhaits.

La peur : elle ne nous quitte pas. Nous redoutons d'avoir à subir les mêmes déceptions dans un futur qui ne répondra pas davantage à nos attentes. La peur et les reproches compromettent nos relations avec les autres, notre paix intérieure et, de proche en proche, la paix du monde.

224 pages / FS 24.– / FF 88.–

TRANSFORMEZ VOTRE VIE
Louise L. Hay

Nous avons le pouvoir d'agir sur nos pensées et ainsi de transformer notre vie.

Tel est le message de Louise L. Hay qui vous accompagnera, pas à pas, dans votre démarche vers la guérison par plus d'amour, plus de pardon et plus de joie de vivre.

Unique : des propositions de nouveaux schémas de pensée pour parvenir à se libérer de 300 maladies et affections.

"Un merveilleux livre pour restructurer sa vie et trouver l'estime et l'amour de soi." (Bernie S. Siegel, auteur de "L'Amour, la médecine et les miracles").

312 pages / FS 29.– / FF 98.–

LE GUERRIER PACIFIQUE
Dan Millman

Guidé par un vieux guerrier plein de sagesse et d'humour, un champion du monde de gymnastique pénètre dans l'univers de son inconscient, découvre la vie et la mort, le rire et la magie. Sa transformation le mène à une confrontation finale qui peut le libérer ou le détruire.

"Une nuit, à 3 h 30, dans une station-service, je rencontrai pour la première fois Socrate. Cette rencontre et les aventures qui ont suivi allaient changer ma vie..."

258 pages / FS 32.– / FF 98.–

TECHNIQUES DE VISUALISATION CRÉATRICE
Shakti Gawain

Votre imagination vous permet de créer une image précise de ce que vous désirez, puis de soutenir cette image par l'énergie positive de votre attention jusqu'à ce qu'elle devienne une réalité objective. Utilisez cette puissance pour créer ce que vous désirez : amour, joie, relations satisfaisantes, travail gratifiant, santé, beauté, prospérité... Vous pourrez choisir ce que vous voulez vivre au lieu de subir des situations où vous dépendez d'autrui ou de vos conditionnements. La visualisation créatrice vous ouvre les portes de l'abondance naturelle de la vie.

192 pages / FS 24.– / FF 88.–

UTILISE CE QUE TU ES
Fun-Chang

Un conte pour partir à la découverte de soi.

En s'interrogeant sur le sens de l'existence un empereur de Chine découvre ce que signifie *vivre le moment présent*. Ce texte, attribué à un auteur ayant vécu plusieurs siècles avant J.-C., est d'une grande densité poétique. Porteur d'un message, il stimule l'intuition et la capacité d'imagination.

80 pages/illustré/FS 14.-/FF 52.-

UN CONTE CHINOIS
DANS LA LIGNE DU PETIT PRINCE
DE SAINT-EXUPÉRY
OU DE JONATHAN LE GOÉLAND
DE R. BACH

Plusieurs éditeurs œuvrant pour un idéal convergent ont décidé d'unir leurs efforts, remplaçant la compétition par la coopération. Nos partenaires sont les Editions ARISTA, LE SOUFFLE D'OR, L'OR DU TEMPS et LE HIERARCH, le Centre ISTHEME / DIEM (cassettes) et LE CHANT DES TOILES (cartes et posters).

LES MESSAGERS DE L'ÉVEIL mettent en commun leurs forces, tout en préservant l'identité de chacun.

LES EDITIONS SOLEIL invitent leurs lecteurs à soutenir l'édification de ce réseau de lumière en germination.

Achevé d'imprimer en Juillet 1990
sur les presses de l'Imprimerie CHEVALLIER
à La Roche-sur-Foron
(Haute-Savoie)